共6册

机器人
创意与编程（二）

第7册　　Mixly Arduino机器人编程基础

谭立新　刘开新　著

北京理工大学出版社
BEIJING INSTITUTE OF TECHNOLOGY PRESS

内 容 提 要

本套教材体系上符合人工智能进入中小学编程教育的主要技术框架，内容上涵盖了机械结构、电子电路、Mixly 图形化编程、C 语言程序设计基础知识、Arduino C 代码编程、智能硬件应用、传感器应用、红外通信等方面的知识与实践。

本教材内容尽量简化了文字语言，最大限度地使用图形语言，力求适应不同年龄段的小学生认识事物与理解事物的特点。

图书在版编目（CIP）数据

机器人创意与编程. 二 共 6 册 / 谭立新，刘开新著
. -- 北京：北京理工大学出版社，2024.5
ISBN 978 - 7 - 5763 - 3985 - 7

Ⅰ. ①机… Ⅱ. ①谭… ②刘… Ⅲ. ①机器人 – 程序
设计 – 中小学 – 教材 Ⅳ. ①G634.931

中国国家版本馆 CIP 数据核字（2024）第 097367 号

责任编辑：钟　博　　　**文案编辑：**钟　博
责任校对：周瑞红　　　**责任印制：**施胜娟

出版发行 / 北京理工大学出版社有限责任公司
社　　址 / 北京市丰台区四合庄路 6 号
邮　　编 / 100070
电　　话 / (010) 68914026（教材售后服务热线）
　　　　　　（010) 68944437（课件资源服务热线）
网　　址 / http://www.bitpress.com.cn

版 印 次 / 2024 年 5 月第 1 版第 1 次印刷
印　　刷 / 河北盛世彩捷印刷有限公司
开　　本 / 889 mm × 1194 mm　1/16
印　　张 / 49.75
字　　数 / 1046 千字
总 定 价 / 468.00 元（共 6 册）

图书出现印装质量问题，请拨打售后服务热线，负责调换

前　言

机器人是一个融合机械、电子、计算机、智能控制、互联网、通信、人工智能等诸多技术的综合体，对未来学科启蒙意义重大。随着国家教育体制改革的不断深化，中小学开设以机器人为载体的新一代信息科技课程越来越受到高度重视。

众所周知，机器人技术中的任何一门学科都应该是中专及以上院校开设的课程，对于中小学生特别是小学生来说有什么意义呢？这就好比汉语言文学专业，它是我国大学史上最早开设的专业之一，可是从来没有哪一位学生是在考入大学的这一专业后才开始学习说话和写字的，也没有哪一位学生是在牙牙学语时便学习音韵、语法和修辞课程的。

本套《机器人创意与编程》教材立足于既要解决像汉语言文学专业的学生不需要从零开始学习"说话"和"写字"的问题，又尽量处理好像婴儿在牙牙学语时的"语法"与"修辞"的难题。

本套教材依据中国电子学会推出的《全国青少年机器人技术等级考试标准》，对课程体系的组织与安排充分注重教学内容的系统性、教学阶段的差异性、教学形式的趣味性和手脑并重的创意性。本套教材按照《全国青少年机器人技术等级考试标准》，体系上符合人工智能进入中小学编程教育的主要技术框架，内容上涵盖了机械结构、电子电路、软件编程、智能硬件应用、传感器应用、通信等方面的知识与实践。

本套教材共12册，适用对象为小学1~6年级的学生，其中9~12册也适合7~9年级学生学习。

1~4册，主要通过积木模型介绍机械结构方面的知识，对应1~2年级的学生及一、二级等级考试；

5~8册，主要介绍Mixly图形化编程、电子电路、智能硬件及传感器的应用等知识，对应3~4年级的学生及三级等级考试；

9~12册，主要介绍C语言代码编程、电子电路、智能硬件及传感器的应用、红外通信等知识，对应5~6年级的学生及四级等级考试。

每册教材原则上按单元划分教学内容，即每个单元具有相对独立的知识点。为了便于学生学习与记忆，1~4册每课的知识点在目录中用副标题标出；5~12册每课的标题除应用型项目外，原则上用所学知识点直接标出。

中小学生机器人技术课程开发是一个全新的领域。由于编者水平有限，不妥和疏漏之处在所难免，敬请广大读者提出宝贵的意见和建议。

编　者

目　　录

第 1 单元
Arduino UNO

- 认识 Arduino UNO

- 信息与信号的概念

第1课

神奇的 Arduino

Arduino UNO 开发板的核心是微控制器，它位于 Arduino UNO 开发板的右下部。这种微控制器又叫作单片机，是爱特梅尔（Armel）公司的产品，叫作 AVR 单片机，如图 1-1 所示。

（a）　　　　　　　　　　　　　　　（b）

图 1-1　Arduino UNO 开发板与 AVR 单片机实物

（a）Arduino UNO 开发板；（b）AVR 单片机

Arduino 开发板家族有众多成员，如图 1-2 所示。由于我们使用的是 Arduino UNO 开发板，所以编写程序的时候要注意选择"UNO"板子（图中显示为"Uno"）。

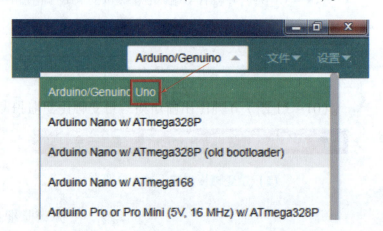

图 1-2　不同类型的 Arduino 开发板

1.1　再认识 Arduino

第 5 册的课程简要介绍了 Arduino 开发板的有关内容，并一直使用 Arduino 开发板。

第 5 册的课程只是借助 Arduino 开发板学习 C 语言的图形化编程，重点了解 C 语言的基础知识和 C 程序的基本结构，至于学习机器人课程为什么要用 Arduino 开发板还没有开始了解。

从现在开始，我们的任务是了解与掌握 Arduino 编程的基本知识，利用 Arduino 平台设计与制作机器人。

1.1.1 学习 Arduino 的意义

在实际生活中，并不是任何需要计算机的场合都使用台式计算机或笔记本计算机。不同场合的计算机的作用不同，因此其功能、配置和体积等也就有所不同。

例如，空调、冰箱用于控制温度的计算机，工业自动化过程中用于实时控制和数据处理的计算机，它们的用途不同，因此它们的功能、复杂程度以及体积都有很大的差别。

Arduino 开发板上的微控制器就是一台具有自身特点和用途的小计算机。

（1）通过学习 Arduino，可以了解计算机原理与结构。

学习 Arduino 后可以发现，计算机并不是神秘莫测的东西，只要了解了它的基本原理，剩下的不过是逐步理解与掌握的过程。

（2）通过学习 Arduino，可以从小增强对科学技术的爱好与兴趣。

Brian Evans 在他的《Arduino 编程从基础到实践》一书中说："Arduino 是一个柔性的可编程的硬件平台，是给艺术家、创客、小发明家和喜欢创作小作品的人用的。"秦志强老师在他的《C51 单片机应用与 C 语言程序设计》一书中说："单片机的学习、开发与应用将造就一批计算机应用、嵌入式系统设计与智能化控制的科学家和工程师。"

Arduino 不仅是一个编程平台，更是一个培养科学爱好与兴趣，提升逻辑思维能力以及分析问题和解决问题能力的平台。

（3）Arduino 使编程变得简单。

Arduino 开发了标准的 Arduino 库，提供了简单的、专门的函数集合，如 pinMode( )、digitalWrite( ) 和 delay( ) 等函数。这些标准的库函数使 Arduino 编程变得尽可能简单，是中小学生学习机器人的一个优秀平台。

1.1.2 Arduino 编程还需要什么

在前面的 C 语言图形化编程学习中我们归纳了 C 语言编程所用的基本模块。Arduino 图形化编程除了那些基本模块外还包括 Arduino 自己的标准库函数模块，如图 1 - 3 所示。

图 1 - 3　Arduino 标准库函数模块

把 Arduino 标准库函数模块与 C 语言的基本模块结合在一起，可以叫作 Arduino C 图形化编程模块。

因此，Arduino 编程还需要 Arduino 标准库函数模块。这些模块在模块区分布在很多"分类"中，如"延时"模块 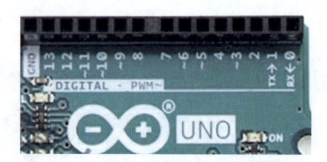 在"控制"分类中。"输入/输出"分类集中了主要的 Arduino 标准库函数模块。

这些模块将在后面的学习中逐步讲解。

1.1.3 Arduino 开发板输入/输出引脚及功能

Arduino 开发板共有 20 个输入/输出（I/O）引脚。通过这些引脚 Arduino 开发板可以读取开关或传感器的信息，也可以为一些执行器输出信号。Arduino 编程就是控制这些引脚的输入/输出，让一些执行元件按照程序互动，让我们制作的机器人完成各种各样的动作或执行各种各样的任务。

Arduino 开发板输入/输出引脚分为数字输入/输出引脚和模拟输入/输出引脚。

1. 数字输入/输出引脚

Arduino 开发板上 0~13 的 14 个引脚为数字输入/输出引脚，统称为数字引脚，如图 1-4 所示。

2. 模拟输入/输出引脚

Arduino 开发板上 A0~A5 的 6 个引脚为模拟输入引脚，如图 1-5 所示；数字引脚中带"~"波浪线的 ~3、~5、~6、~9、~10、~11 这 6 个引脚又作为模拟输出引脚，如图 1-4 所示。

模拟引脚也可以用作数字输入/输出引脚。在数字引脚不够用的时候可以用模拟引脚实现数字信号的输入/输出。

图 1-4　数字引脚示意　　　　　　　图 1-5　模拟引脚示意图

1.1.4 让机器人工作

让机器人工作，必须为机器人安装"大脑"，让机器人有接收信息，并对信息进行判断和处理的能力。Arduino 开发板就是要为机器人安装的"大脑"。

为了让机器人能够对外部或内部信息进行判断和处理，光有一个仅具备出厂设置的 Arduino 开发板是不行的，从某种意义上来说它是一个"空脑壳"，还要让这个"空脑壳"有脑细胞。因此，要为 Arduino 开发板编写控制机器人的程序，这个程序就是机器人的"脑细胞"。

正确地为 Arduino 开发板编写程序，是让机器人工作的一个重要而关键的环节，在后面的学习中我们会反复地练习与操作。

在学习中，要特别注意 C 程序 3 种基本结构的正确与灵活运用，要熟练掌握 Arduino 开发板数字引脚和模拟引脚的输入/输出处理。

1.2 编写程序

【程序 1-1】 分别用 Arduino 开发板的数字输出引脚和模拟输出引脚点亮 1 只 LED 灯。

注：在前面的课程中，一般情况下将编写的程序放在"初始化"模块的缺口中。因为一个单纯的 C 程序从开始到结束只运行一次，所以把它放在"初始化"模块中。

但是，机器人的动作具有连续重复的特性，仍然把机器人控制程序放在"初始化"模块中就不太方便。

比如在前面课程中制作的抽奖机器人，如果不使用无限循环模块控制，程序只运行一次就"罢工"了，后面就没法抽奖。

这该怎么办呢？其实 Mixly 平台的编辑区本身就是一个无限循环。今后在编写程序的时候，直接在编辑区构建程序模块就行了，如图 1-6 所示。

图 1-6 程序模块构建位置示意

图 1-6 中编辑区的程序的功能是点亮 1 只 LED 灯，虽然没有使用循环模块，但是它会反复让 LED 灯闪烁。

1. 编程思路

用数字输出模块和模拟输出模块，分别将 1 只 LED 灯引脚设定为数字输出引脚 7，将另 1 只 LED 灯引脚设定为模拟输出引脚 3。直接在编辑区构建程序模块。

2. 选择"数字输出"模块与"模拟输出"模块

在"输入/输出"分类中选择"数字输出"与"模拟输出"模块（图 1-7）。这类模块虽然以前多次使用过，但从现在开始要理解它们的作用与含义。

(a)　　　　　　　　　　　　　　　　　　　　　　(b)

图 1-7 "数字输出"与"模拟输出"模块

(a)"数字输出"模块；(b)"模拟输出"模块

3. 用"数字输出"模块亮灭 LED 灯

设为"高"点亮 LED 灯，设为"低"熄灭 LED 灯（图 1-8）。

图 1-8 亮灭 LED 灯（"数字输出"模块）

4. 用"模拟输出"模块亮灭 LED 灯

在"赋值为"后面的数值框内设置模拟输出量为 5，即 LED 灯的亮度为 5。可以看出，它不同于"数字输出"模块设置的"高"，这是数字输出和模拟输出的一个不同点（图 1-9）。

图 1-9 亮灭 LED 灯（"模拟输出"模块）

5. 用"模拟输出"模块熄灭 LED 灯

将"模拟输出"模块右端的模拟量设置为 0，即让 LED 灯的亮度为 0。可以看出，它不同于"数字输出"模块设置的"低"，这是数字输出和模拟输出的又一个不同点（图 1-10）。

图 1-10 熄灭 LED 灯（"模拟输出"模块）

6. 构建程序模块

程序模块构建示意如图 1-11 所示。

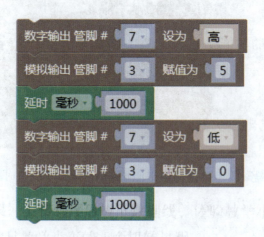

图 1-11 程序模块构建示意

在图 1-11 中，"模拟输出"模块控制的 LED 灯亮度设置为 5，是为了与另一只 LED 灯的亮度在体验时形成较高的对比度。

最后编译并保存程序即可。

1.3 创意体验

1. 连接 LED 灯

将 2 只颜色相同的 LED 灯分别插在面包板上。"数字输出"模块控制的 LED 灯记为 LED1，它的长引脚连接到 Arduino 开发板的数字引脚 7，"模拟输出"模块控制的 LED 灯记为 LED2，它的长引脚连接 Arduino 开发板的引脚 3；它们的短引脚连接 Arduino 开发板的引脚 GND，如图 1-12 所示。

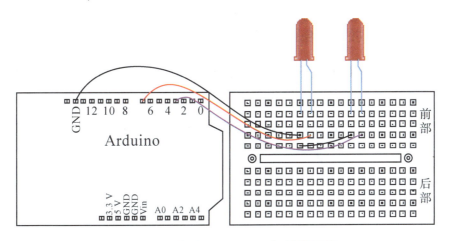

图 1-12 程序 1-1 LED 灯连接示意

2. 上传程序并体验效果

将程序上传到 Arduino 开发板，体验两种输入/输出模块控制 LED 灯闪烁的效果。

3. 改变引脚连接

（1）将 LED1 的长引脚转插到引脚 6（模拟输出），并修改程序中的引脚定义后，上传程序体验 LED1 的亮度及闪烁效果。引脚连接示意如图 1-13 所示。

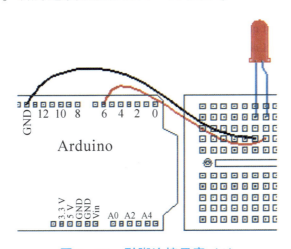

图 1-13 引脚连接示意（1）

（2）将 LED1 的长引脚转插到模拟引脚 A0，并修改程序中的引脚定义后，上传程序观察 LED1 是否有同样的闪烁效果。引脚连接示意如图 1 – 14 所示。

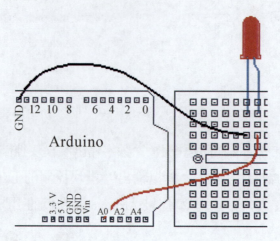

图 1 –14　引脚连接示意（2）

LED2 的引脚定义没有更多选择。即使想选择其他形式，"模拟输出"模块中也没办法定义，因为它已经固定了引脚号，如图 1 – 15 所示。

图 1 –15　"模拟输出"模块引脚号

LED1 引脚的几种不同连接方式，验证了 Arduino 开发板的所有输入/输出引脚都可以用作数字引脚，而模拟引脚则不具备这样的适应性。

课后思考

1. Arduino 开发板的核心是什么？

2. 用 Mixly 图形化模块进行 Arduino 编程时，除了 C 程序设计的基本模块外，还需要什么模块？

3. 在今后的学习中，一般在"初始化"模块缺口中构建程序还是直接在编辑区构建程序？

4. 下面哪些说法是正确的？在正确的说法后面的括号中打"√"，在不正确的说法后面的括号中打"×"。

（1）Arduino 开发板共有 20 个引脚。（　　）

（2）Arduino 开发板的所有输入/输出引脚都可以用作数字引脚。（　　　）

（3）A0～A5 为模拟输入引脚，3、5、6、9、10、11 为模拟输出引脚。（　　　）

（4）引脚 3、5、6、9、10、11 只能用于数字输入和模拟输出，不能用于数字输出。（　　　）

5. 图 1-16 所示的两个程序的执行效果是否相同？

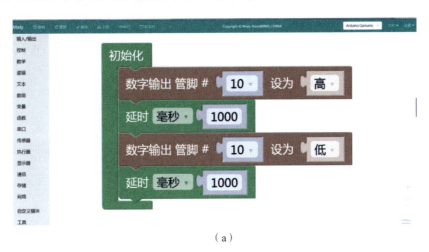

（a）

（b）

图 1-16　第 5 题图

（a）程序 a；（b）程序 b

第2课

信息与信号

2.1 基本要点

2.1.1 信息与信号的概念

信息和信号有什么区别呢？看看下面的两句话有没有什么让人觉得不妥的地方。

（1）他透露了很多信号。

（2）这儿手机的信息不太好。

很显然，上面的两句话很别扭。为什么呢？因为"信息"和"信号"两个词用错了地方，把这两个词互换一下位置感觉就不一样了，如下所示。

（1）他透露了很多信息。

（2）这儿手机的信号不太好。

从这个例子可以得出一个结论，人们平时所说的"信息"和"信号"是有区别的。

1. 信息的概念

信息的基本概念从不同的角度或在不同的研究领域有不同的表述。从信息学的角度来看，信息是对事物存在的方式或运动状态的直接或间接的表述。

例如，在白色的地面上有一条黑色的路面，如图2-1所示。

图2-1 黑色的路面

当你看到这条黑色的路面时，黑色的路面就给了你一个信息，这个信息经过你的大脑做出反应：这是一条黑色的路面。

根据信息的含义，在上述例子中，"黑色的路面"是事物存在的方式，你用眼睛看到"黑色的路面"是对这种存在方式的直接表述。

当机器人看到这条黑色的路面时会怎么样呢？

在第5册的第10课中，我们已经认识了红外循迹传感器。安装有红外循迹传感器的机器人看到这条黑色的路面时，同样会知道这条"路面"是黑色的。

机器人是怎么知道的呢？当机器人的"眼睛"——红外循迹传感器探测到"黑色的路面"这一信息时，红外循迹传感器发射出去的红外光中被反射回来的很少，这时机器人就知道了这是一条黑色的路面，如图 2−2 所示。

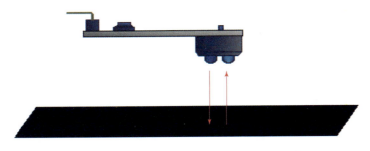

图 2−2　红外循迹传感器探测路面示意

根据信息的含义，在上述例子中，"黑色的路面"是事物存在的方式，机器人通过红外循迹传感器接收红外光反射的多少判断"黑色的路面"，可以把它看作对这种存在方式的间接表述。

2. 信号的概念

从物理意义上来看，信号是信息的载体，信息通过信号传递。

例如，你和别人打电话，这时你和别人在电话里交换的是"信息"。信息通过手机信号传送，即你的手机和别人的手机交换的是载有信息的"信号"。因此，"这儿手机的信息不好"的说法出现了概念问题。

在电子电路中，信号分为数字信号和模拟信号。这是进行 Arduino 编程必须了解与掌握的基本内容。

2.1.2　Arduino 开发板获取信息的途径

把像人一样具有感知能力，能对感知到的信息做出判断和处理的机器人叫作智能机器人。怎样使机器人具有这种智能呢？

Arduino 开发板能让我们制作的机器人具有这种智能。

为 Arduino 开发板安装所需用途的传感器，这些传感器不断地感知外部信息，然后将这些信息通过 Arduino 开发板的输入引脚送给 Arduino 微控制器并进行判断与处理，最后通知机器人做这样或那样的事情，如图 2−3 所示。

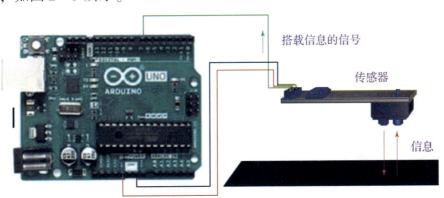

图 2−3　Arduino 开发板获取信息示意

从图 2-3 可以知道，传感器是 Arduino 开发板获取信息的途径。

说明：不仅是 Arduino 开发板，事实上所有单片机获取信息都是通过各种传感器感受外部或内部的信息实现的。感受外部信息的传感器叫作外部传感器，感受内部信息的传感器叫作内部传感器。

传感器有数字传感器和模拟传感器之分。数字传感器产生的是数字信号，因此它的信号引脚要连接到 Arduino 开发板的数字引脚；模拟传感器产生的是模拟信号，因此它的信号引脚要连接到 Arduino 开发板的模拟引脚。

掌握传感器的功能及使用，是 Arduino 编程的一个重要部分。传感器的各种类型和作用在后面的学习中会逐步进行讲解。

2.1.3 数字信号与模拟信号

这里所讲的数字信号与模拟信号是指 Arduino 开发板的输入与输出信号。它是一种电信号。电信号是通过电流的通断或电压的高低实现的。

例如，我们多次在 Arduino 开发板上使用的按键开关被按下或断开时，按键开关就给 Arduino 微控制器一个电流通或断的信号。

又如，把电位器连接到 Arduino 开发板的引脚 A0，然后慢慢旋转电位器旋钮，这时电位器就给 Arduino 微控制器发送电压慢慢升高或慢慢降低的信号。

1. 数字信号

数字信号是指在时间和数值上均具有离散性（不连续）的信号。

例如，点亮 1 只连接在引脚 5 的 LED 灯，在亮 1000 ms 再熄灭 1000 ms 的过程中，数字量从 1（对应 5 V 电压）突然降为 0（对应 0 V 电压），LED 灯也从突然点亮变为突然熄灭。这说明在这一过程中表示信息的数字信号是不连续的，如图 2-4 所示。

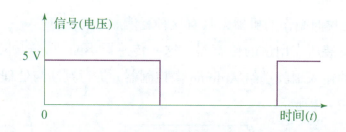

图 2-4 数字信号输出示意

2. 模拟信号

模拟信号是指在时间和数值上均具有连续性的信号

例如，点亮 1 只连接在模拟输出引脚 3 的 LED 灯，用循环结构模块控制 LED 灯的亮度，模拟量从 0~255（对应 0~5 V 电压）逐渐变亮，再从 255~0（对应 5~0 V 电压）逐渐熄灭。这个过程中的模拟信号（即物理量）是连续的，如图 2-5 所示。

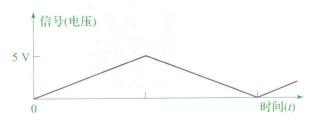

图 2-5 模拟信号输出示意

3. 数字信号与模拟信号的应用性

从应用的角度，数字信号与模拟信号没有优劣之分。它们在不同的场合有不同的作用。

例如，实现电视机或空调开、关机功能的遥控信号就数字信号，因为电视机或空调要么开机（数字信号1），要么关机（数字信号0），没有第3种状态存在。

又如，温度是一个连续变化的量，温度监控器监测温度的时候如果只传达"热（1）"或"冷（0）"的信息是毫无意义的。温度监控器输出监测信息时就要使用模拟信号，告诉人们当前温度具体是多少，比如是21 ℃还是22 ℃。

2.1.4 灰度传感器

（1）灰度传感器使用黑色调表示物体（即以黑色为基准色），用不同饱和度的黑色来显示图像，如图 2-6 所示。

图 2-6 灰度示意

（2）灰度传感器是一种模拟传感器。灰度传感器上有一个发光二极管和一个光敏电阻。在一定的范围内，发光二极管发出的白光照射在物体表面上，物体就会将光线反射回来。如果物体表面的颜色不同，反射光线的强度也不同。

光敏电阻负责接收反射回来的光线。由于反射光线的强度不同，所以光敏电阻的阻值也不同。这时，可以反过来根据光敏电阻的不同阻值获取物体颜色的灰度信息。

（3）灰度传感器的工作参数及引脚如下。

工作电压：3.3 V 或 5 V；

工作电流：＜20 mA；

OUT：信号引脚；

VCC：电源引脚；

GND：接地引脚。

灰度传感器实物如图 2-7 所示。

图 2 - 7   灰度传感器实物

2.2   编写程序

【程序 2 -1】   黑色还是白色；

【程序 2 -2】   用串口查看物体的灰度值是多少。

2.2.1   程序 2 -1：黑色还是白色

用红外循迹传感器辨认黑色和白色，用 MP3 模块播报颜色类别。

（1）编程思路。

①如果程序中使用了传感器获取外部信息，那么除了要了解传感器的工作参数外，还要了解传感器的类型，以便确定编程时使用数字输入/输出模块还是模拟输入/输出模块。

传感器分为数字传感器和模拟传感器。数字传感器输出的是数字信号，模拟传感器输出的是模拟信号。

红外循迹传感器是一种数字传感器，如果检测到黑色则输出数字信号 0，如果检测到白色则输出数字信号 1。

②用"数字输入"模块读红外循迹传感器的信号，用"如果/执行"模块判断红外循迹传感器输入的信号是 0 还是 1，再根据判断结果播放语音。

（2）定义变量与引脚。

sensor 为红外循迹传感器引脚变量，定义数字引脚 7（图 2 -8）。

图 2 -8   定义变量与引脚（1）

c 为红外循迹传感器信号变量，用于存储红外循迹传感器的输入信号（图 2 -9）。

图 2 -9   定义变量与引脚（2）

（3）构建初始化 MP3 模块

（4）用"数字输入"模块读红外循迹传感器引脚信号，并存入变量 c（图 2 -10）。

图 2 -10   读取信号并存入变量

（5）用"如果/执行"模块判断读入的数字信号。根据判断结果，输出播放语音的信号。

（6）构建程序模块。

程序 2 - 1 模块构建示意如图 2 - 11 所示。

图 2 - 11　程序 2 - 1 模块构建示意

（7）保存程序。

2.2.2　程序 2 - 2：用串口查看物体的灰度值是多少

用灰度传感器获取物体的灰度信息，打开串口查看物体的灰度值。

（1）构建程序模块。

灰度传感器是模拟传感器，将它的信号引脚定义为模拟输入引脚 A0，用"模拟输入"模块获取物体的灰度信息，并将灰度传感器信号存入一个变量，然后构建串口输出模块。

程序 2 - 2 模块构建示意如图 2 - 12 所示。

（2）保存程序。

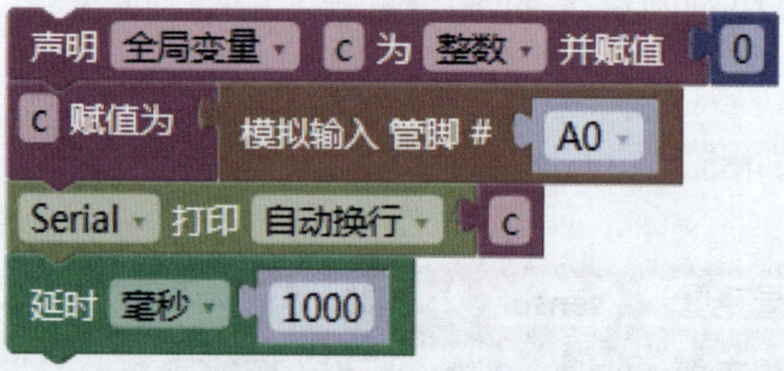

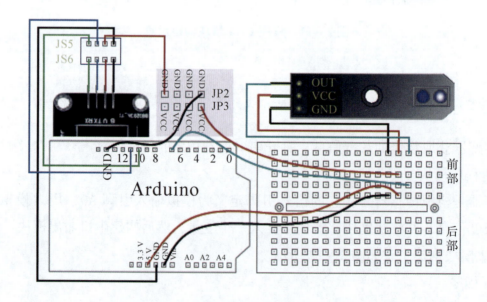

图 2－12　程序 2－2 模块构建示意

2.3　创意体验

2.3.1　程序 2－1 体验

1. 连接元器件

（1）MP3 转接板与 Arduino 开发板连接。

如图 2－13 所示，将制作好了的 MP3 模块插入转接板后，转接板通过弯脚排母插到教学小车左前角的 JS6 引脚接口上，从 JS5 引脚接口与 Arduino 开发板连接。

连接引脚 RX、TX：将转接板的引脚 RX 连接到 Arduino 开发板的引脚 10；将转接板的引脚 TX 连接到 Arduino 开发板的引脚 11。

（2）连接红外循迹传感器。

如图 2－13 所示，将红外循迹传感器插在面包板的图示位置（便于测试），将引脚 OUT 连接 Arduino 开发板的引脚 7。

转接板与红外循迹传感器的电源引脚连接如图 2－13 所示。

图 2－13　程序 2－1 元器件连接示意

2. 体验效果

将程序 2-1 上传到 Arduino 开发板后开始体验。

（1）分别将白色和黑色的物体（如纸张、积木块等）对准红外循迹传感器的探头，距离 1~2 cm，听听语音播报的颜色对不对。

（2）用其他颜色让红外循迹传感器检测，如红色、绿色等，听听语音播放器会播报什么颜色。

（3）根据观察与思考，结合数字信号的特点说一说：为什么没让红外循迹传感器检测时，语音播放器也总是播放某种颜色？为什么红外循迹传感器检测其他颜色时总是播放"白色"或"黑色"？

2.3.2 程序 2-2 体验

1. 连接灰度传感器

将灰度传感器插在面包板的前部边缘处，以便于操作。将信号引脚连接到 Arduino 开发板的模拟输入引脚 A0，将电源与接地引脚连接到 Arduino 开发的 5 V 引脚和接地引脚，如图 2-14 所示。

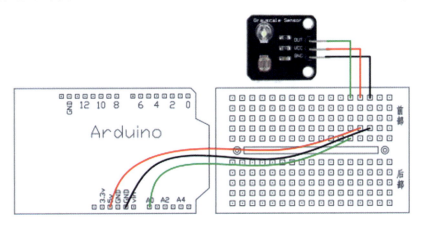

图 2-14　灰度传感器连接示意

2. 体验效果

将程序 2-2 上传到 Arduino 开发板，打开串口监视器，让灰度传感器分别检测不同颜色的物体，察看它们的灰度值。

检测距离为 1~2 cm。检测时，自然光线的强度以及物体距离的变化都会影响检测结果。

图 2-15 所示分别为检测黑色物体和白色物体的灰度值。

输出　COM6	输出　COM6
430	798
380	810
374	810
368	810
383　黑色物体灰度值	810　白色物体灰度值
373	804
364	795

图 2-15　程序 2-2 执行效果示意

（1）用程序 2-1 体验时检测的物体再做灰度检测。看看被红外循迹传感器检测为"白色"或"黑色"的物体的灰度值是多少。

有兴趣的同学适当多检测几种不再颜色的物体，并把它们的颜色和灰度值记录下来，再对记录进行整理和分析，划出红外循迹传感器检测为"白色"的灰度值与检测为"黑色"的灰度值的大致范围，可参考图 2-16。

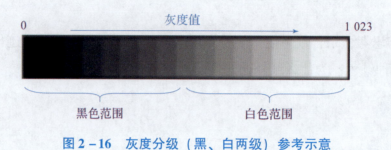

图 2-16　灰度分级（黑、白两级）参考示意

（2）结合图 2-12 说一说：Arduino 微控制器每隔多长时间接收一次灰度传感器发送的信号？

 **课后思考**

1. 什么是信息？什么是信号？
2. 数字信号和模拟信号的含义是什么？它们各有什么特性？
3. 什么是数字传感器？什么是模拟传感器？
4. Arduino 开发板通过什么途径获得信息？
5. 下列说法中正确的是（　　）。
A. 信息与信号是独立存在的
B. 信息通过信号传递
C. 信息是信号的载体
D. 以上都不正确
6. 下列说法中不正确的是（　　）。
A. 数字传感器只能输出两种状态的信号
B. 模拟传感器可以输出连续变化的信号
C. 数字传感器的信号引脚可以连接到 Arduino 开发板的任意一个输入/输出引脚
D. 模拟传感器的信号引脚只能连接到 Arduino 开发板的引脚 A0～A5 和引脚 ~3、~5、~6、~9、~10、~11

第 2 单元
信息处理

- 信息处理的基本流程
- 信息的存储

信息处理的基本流程

3.1 基本要点

3.1.1 信息处理的概念

信息处理就是对信息的接收、存储、转化、传送、发布等。这一过程构成一般信息处理的基本流程，如图 3-1 所示。

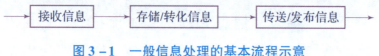

图 3-1 一般信息处理的基本流程示意

Arduino 机器人的信息处理流程像计算机一般信息处理的流程一样，仍然可以划分为 3 个阶段，如图 3-2 所示。

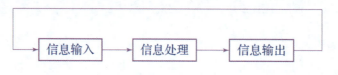

图 3-2 Arduino 机器人信息处理流程示意

Arduino 微控制器实际上也是一台计算机，只不过这台计算机的主要目的是帮助人们学习制作各种各样的小型机器人或开发一些其他小型项目。因此，在信息处理流程的第二、第三阶段，它与一般计算机处理的功能性、信息量以及信息受用的对象都有很大的不同。

本书学习的重点在于了解与掌握 Arduino 机器人信息处理的基本流程，在制作 Arduino 机器人的过程中熟练处理机器人获取的外部信息或内部信息。

如图 3-2 所示，信息输入、信息处理及信息输出这 3 个过程构成 Arduino 机器人信息处理的基本流程。

3.1.2 信息输入过程

信息输入过程主要包括获取信息和读取信息。

1. 获取信息

获取信息包括信息的感知、信息的测量、信息的识别等。这些任务由传感器自行完成。

例如红外循迹传感器在获取路面信息的过程中，首先要"感知"路面，对路面反射的红外光进行"测量"，根据路面反射的红外光的多少对路面进行"识别"，最后将识别结果"告诉"Arduino开发板。

2. 读取信息

传感器获取信息后，用信号的形式通过相关输入引脚将信息输送给 Arduino 开发板，Arduino 微控制器从这个引脚上读入信息，同时将读入的信息存储在一个定义好了的变量中，如图 3 - 3 所示。

图 3 - 3　读取并存储信息过程示意

到这里信息输入过程就完成了，如图 3 - 4 所示。

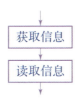

图 3 - 4　信息输入过程示意

3.1.3　信息处理过程

信息处理过程主要包括信息的计算和信息的判断。

1. 信息的计算

这里所讲的信息的计算，是指 Arduino 微控制器根据人们所编写的程序指令，对读入的信息进行一些必要的转换或关系换算。

例如表示灰度等级的值为 0 ~ 255，但是灰度传感器为 Arduino 开发板输入信息的数据范围为 0 ~ 1023。要用这些数字来表示灰度的等级就得进行计算。

例如，灰度传感器探测某物体的灰度信息为 341，那么它的灰度等级（模块为"灰度级数"）为 $255 \times 341/1023 = 85$，如图 3 - 5、图 3 - 6 所示。

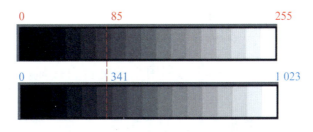

图 3 - 5　信息数据关系计算示意

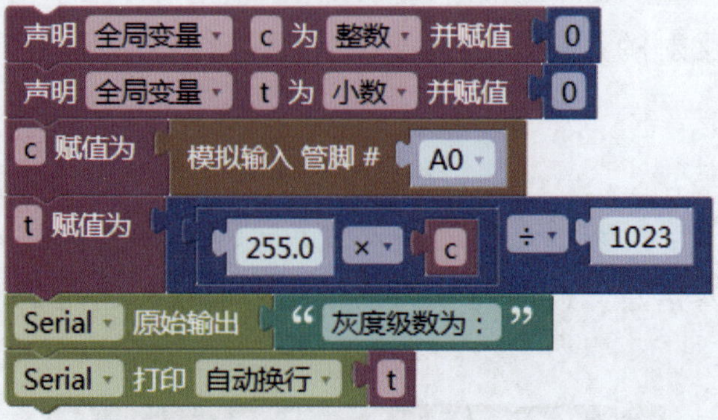

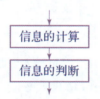

图 3 – 6　计算灰度等级程序模块示意

2. 信息的判断

根据信息的概念，信息的判断就是对信息存在的方式或运动状态进行判断。

例如接收红外循迹传感器的信息后，要判断它探测的是白色地面的信息还是黑色路面的信息，即判断信息存在的方式，然后根据判断的结果为 Arduino 开发板编写下一步程序指令。

程序中用"如果/执行"模块进行判断。

到这里信息处理的过程就完成了，如图 3 – 7 所示。

信息的计算

信息的判断

图 3 – 7　信息处理过程示意

注意：并不是所有的信息处理都需要进行计算或判断。有时对信息的处理不需要经过判断这一过程，而是直接输出信息；有时则不需要计算而直接对输入的信息进行判断。图 3 – 6 所示的信息处理就属于这种情况。

3.1.4　信息输出过程

信息输出是把经过处理的信息输出给其他执行器或显示器，例如输出给蜂鸣器，让蜂鸣器鸣叫；输出给 LED 灯，让 LED 灯点亮或熄灭；输出给 LCD 显示屏（将在后面的课程中学习），实现人机交互等。

上面信息输出的几种情况有什么区别呢？

1. 信息的直接输出

将获取的某种信息的存在方式或运动状态利用某种平台直接显示出来，为了便于理解，在这里把它叫作信息的直接输出。

例如，将温度监控器检测到的温度用 LCD 显示屏显示出来，就是信息的直接输出。

2. 信息的间接输出

将获取的某种信息的存在方式或运动状态输出给其他执行器，让这些执行器执行程序指令指定的任务，在这里把它叫作信息的间接输出。

例如，如果红外循迹传感器探测到白色路面就让蜂鸣器鸣叫，就是一种信息的间接输出。为什么呢？因为"白色"信息与蜂鸣器鸣叫没有直接关系。这时"信息"只起到作为一种控制其他执行器行为的条件的作用。

由此可以看出，当信息被显示出来，或受信息条件控制的某种行为过程结束后，信息输出过程也就结束了，如图3-8所示。

图3-8 信息输出过程示意

3.1.5 信息处理流程图

根据前面的分析，将图3-2所示的信息处理流程具体化，得到基本的信息处理流程图，如图3-9所示。

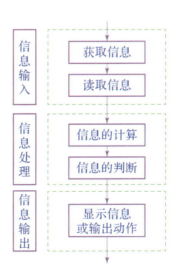

图3-9 信息处理流程图

信息处理流程包含于整个程序的流程中，即对某个信息的处理过程并不是某个程序的全部，它往往只是程序的一个部分，如图3-10所示。

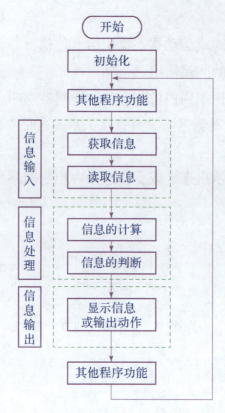

图 3 - 10　程序流程与信息处理流程关系示意

3.2　编写程序

【程序 3 - 1】　开关有没有被按下；

【程序 3 - 2】　灰度等级是多少。

3.2.1　程序 3 - 1：开关有没有被按下

用按键开关作数字传感器。当按键开关被按下时，串口输出"开关被按下"；当没有按下按键开关时，串口输出"开关已断开"。

（1）编程思路。

①输入信息，用"数字输入"模块读取按键开关信息。

②处理信息，用"如果/执行"模块处理按键开关信息，即判断按键开关是否被按下。

③输出信息，从串口输出按键开关状态的信息。

（2）程序 3 - 1 信息处理流程图如图 3 - 11 所示。

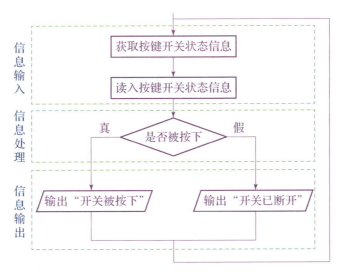

图 3 – 11　程序 3 – 1 信息处理流程图

（3）构建程序模块，如图 3 – 12 所示。

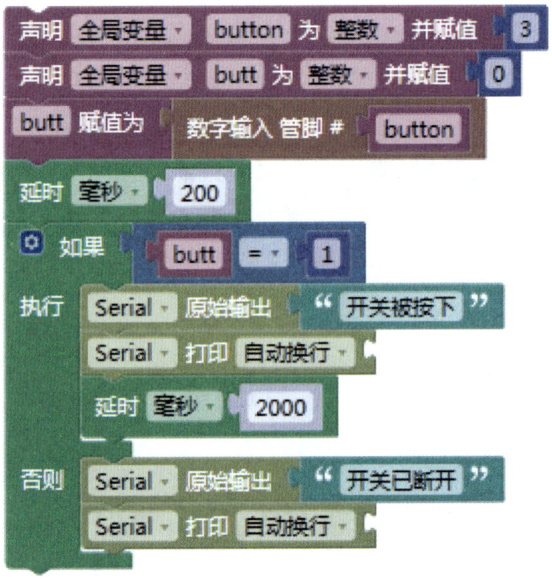

图 3 – 12　程序 3 – 1 模块构建示意

（4）保存程序。

3.2.2　程序 3 – 2：灰度等级是多少

用灰度传感器感知不同物体的灰度，在串口输出它的灰度等级。

（1）编程思路。

①用灰度传感器获取灰度信息。

②用"模拟输入"模块读取灰度传感器信息，并存入一个变量。

③将读入的灰度信息换算为灰度等级。

④用串口输出灰度等级。

（2）程序 3 – 2 信息处理流程图如图 3 – 13 所示。

如图 3 – 13 所示。

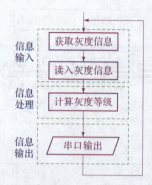

图 3 – 13 程序 3 – 2 信息处理流程图

（3）灰度等级计算。

①先设置一个存储灰度信息的变量 s 和灰度等级变量 n。变量 n 的数据类型定义为"小数"，因为算式内含有除法运算。

②计算灰度等级（图 3 – 14）。

③将变量 n 的浮点型数据类型转换为整型。灰度等级 0～255 的每一级为整数，定义一个变量 t，将 n 的数据类型强制转换为整型（图 3 – 15）。

图 3 – 14 计算灰度等级

图 3 – 15 转换数据类型

（4）信息输出。

在信息输出的末端设置一个"延时"模块，以便于查看输出的信息。

（5）构建程序模块，如图 3 – 16 所示。

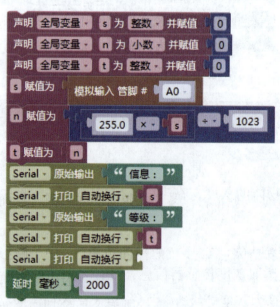

图 3 – 16 程序 3 – 2 模块构建示意

（6）保存程序。

3.3 创意体验

3.3.1 程序 3 – 1 体验

1. 连接按键开关

将按键开关插到面包板上，一端连接 Arduino 开发板的数字引脚 3，另一端连接 5 V 引脚，如图 3 – 17 所示。

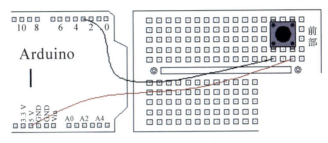

图 3 – 17 按键开关连接示意

2. 体验效果

上传程序 3 – 1，程序 3 – 1 执行效果如图 3 – 18 所示。

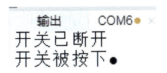

图 3 – 18 程序 3 – 1 执行效果

3.3.2 程序 3 – 2 体验

1. 连接灰度传感器

将灰度传感器插到面包板上，信号引脚 OUT 连接到 Arduino 开发板的模拟输入引脚 A0，电源与接地引脚分别连接 Arduino 开发板的 5 V 引脚、接地引脚，如图 3 – 19 所示。

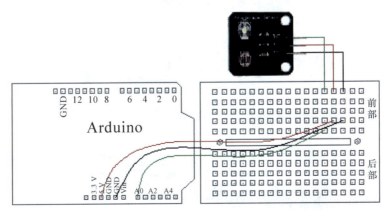

图 3 – 19 灰度传感器连接示意

2. 体验效果

将程序 3 – 2 上传到 Arduino 开发板。让灰度传感器检测不同颜色的物体（如积木块），用串口输出相应物体的灰度信息和灰度等级，如图 3 – 20 所示。

图 3 – 20　程序 3 – 2 执行效果

课后思考

1. 什么是信息处理？

2. 信息处理有哪几个主要过程？

3. 信息处理流程与一个完整程序的运行流程有没有区别？

4. 下面的说法中不正确的是（　　　）。

A. 传感器感知的信息不一定正确，因此需要对信息进行处理

B. 传感器只负责感知和输出信息，如果不经过处理流程，Arduino 微控制器根本不会知道这些信息的存在

C. "输入"是信息处理的依据，"输出"是信息处理的目的

D. 如果一个信息处理流程没有结束，则 Arduino 微控制器不会接收新的信息

5. 说出程序 3 – 1（图 3 – 21）中信息处理流程"输入、处理、输出"3 个过程对应的模块编号。

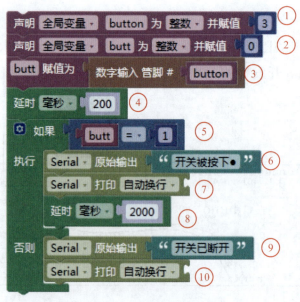

图 3 – 21　第 5 题图

第4课

信息的存储

4.1 基本要点

信息的存储是信息处理的一种方式，它在人们的日常生活中起着很重要的作用。例如，电子监控、行车记录仪就是将传感器采集的信息存储到存储设备里供事后调用；人们在计算机或手机上将查阅的资料保存起来，也是将查阅的信息保存到存储设备中供随时调阅。

不同的存储设备有不同的存储方式，不同的存储方式可能有不同的存储器。Arduino 有 Flash 存储器、SRAM、EEPROM 三种存储器，它位于图 4-1 所示的 Arduino 微控制器中。

图 4-1　Arduino 微控制器与存储器

这里了解 EEPROM 的特性与使用。

4.1.1　EEPROM

存储器是用来存储程序和各种数据信息的记忆部件。有的存储器存储的数据信息容易丢失，如 SRAM，有的存储器存储的数据信息不易丢失，如 Flash 存储器。

（1）EEPROM 是一种数据信息不易丢失的存储器，除非它被人为损坏已达到或使用寿命。当 Arduino 开发板断电后再次上电，仍然可以从 EEPROM 中读取原来存储的数据。

（2）Arduino EEPROM 的存储空间并不大，只有 1023 个字节。它存储的数据的取值范围为 0~255，它存储某个数据时不能超出这个范围。

（3）EEPROM 使用的数据类型为"字节"（byte）。读写 EEPROM 时要将数据类型转换为"字节"。

（4）Arduino EEPROM 的正常使用寿命为循环读或写 10 万次左右。虽然这个数字看上去很大，但是如果用循环模块不停地读写 EEPROM，它很快就会达到使用寿命。因此，在后面的程序设计与练习中应尽量注意控制它的循环次数。

4.1.2 使用 EEPROM

EEPROM 模块在"存储"分类中，如图 4-2 所示。

图 4-2 EEPROM 读/写模块

1. EEPROM 模块的使用方法

1）写数据

"写入 EEPROM"模块有 2 项，即"地址"项和"数据"项。

"地址"是一个 0~1023 的数字，每个地址存放一个数据。例如，在地址 3 写入数据 100，如图 4-3 所示。

2）读数据

"读取 EEPROM"模块也有 2 项，即"地址"项和"保存到变量"项。其"地址"项和"写入 EEPROM"模块中"地址"项的意义相同。"保存到变量"项是将读取的数据保存到变量中，如变量 a，如图 4-4 所示。

图 4-3 写数据   图 4-4 读数据

2. 示例

将 100 写入 EEPROM 的地址 0，然后从地址 0 读取这个数。

1）写数据

从模块区的"存储"分类中拖出"写入 EEPROM"模块，将地址设置为 0，在"数据"缺口中输入数据 100。

在模块下方再构建一个"重复/执行"空循环模块，让它做无限循环。其目的是让上面的模块只写一次数据就永远停止在这儿，否则，由于编辑区是一个无限循环的环境，当程序上传完成后马上就会开始快速循环，反复重写数据 100 而白白缩短 EEPROM 的使用寿命，如图 4-5 所示。

图 4-5 写数据示例

2）读数据

用同样的方式构建"读取 EEPROM"模块。

首先定义一个"字节"类型变量 a，读取地址 0 的数据后保存到变量 a 中，再将数据打印出来。当然，如果直接使用而不需要查看则不必在串口输出。

同样的道理，这里也需要构建一个无限循环模块，如图 4-6 所示。

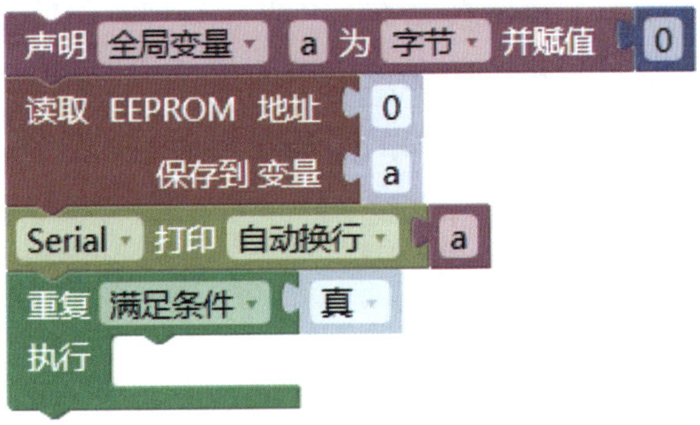

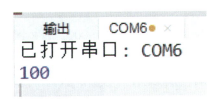

图 4-6　读数据示例

现在，分别将写数据与读数据模块上传到 Arduino 开发板，可以看到程序的执行结果，如图 4-7 所示。

图 4-7　示例程序执行结果

查看结果后，同学们拔下 USB 数据线，让 Arduino 开发板断电，再将图 4-6 所示读取 EEP-ROM 的程序上传到 Arduino 开发板，看看"100"是否还存在。

4.1.3　触碰传感器

触碰传感器是一个利用接触片实现检测触碰功能的电子器件，如图 4-8 所示。

图 4-8　触碰传感器实物

触碰传感器又叫作触碰开关，是一个数字传感器。当开关发生触碰时，触碰传感器输出低电平即 0，当开关没有发生触碰时触碰传感器输出高电平即 1。

触碰传感器的引脚及工作参数如下。

OUT：信号输出引脚，输出高电平1或低电平0；

VCC：电源引脚，3~5 V供电；

GND：接地引脚。

触碰传感器在人们的日常生活的应用十分广泛。例如，很多电子设备如手机、平板计算机、电子手表、智能家用电器等都运用了触碰传感器。

不过，其中有些触碰传感器可能和我们现在使用的传感器有很大的不同，但应该知道它们无非都是数字传感器，即它们输出的信号都是数字信号而不是模拟信号。

4.2 编写程序

【程序4-1】 不会丢失的数据；

【程序4-2】 把信息保存起来。

4.2.1 程序4-1 不会丢失的数据

将一组数据｛100，101，102，103，104，105｝写入EEPROM，然后从EEPROM中读取它们。

（1）编程思路

由于数据较多而且数据个数已知，所以用"使用/执行"循环结构模块分别写入和读取数据。

（2）写数据。

①定义地址变量i（图4-9）。因为要用循环程序写数据，所以地址必需用一个变量表示。将数据地址定义为0~5。注意，为了节省存储空间，要习惯"0"地址的使用。

图4-9 定义地址变量

②定义数据变量k（图4-10）。写入的数据中后一个数据正好是前一个数据的值加1，将k初始化为100，则k+1的值为101。

图4-10 定义数据变量

③构建一个无限空循环。

程序4-1写数据模块构建示意如图4-11所示。

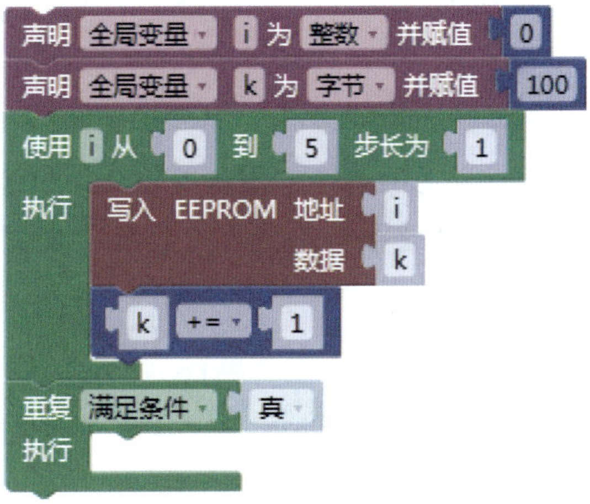

图4-11　程序4-1写数据模块构建示意

（3）读数据。

①定义字节型变量a，缓存读取的数据（图4-12）。

声明 全局变量 a 为 字节 并赋值 0

图4-12　定义字节型变量

②仍然用"使用/执行"循环模块控制循环读取数据，但是一定要注意读数据的地址与写数据的地址匹配（图4-13）。例如要读出本示例的6个数据，"读取"地址就应为0~5。

图4-13　构建循环模块

如果将读、写两块程序放在一起构成一个程序，则这里的变量名最好与写数据程序中的变量i区别开来。现在把它分开操作就不必考虑这一问题了。

③构建一个无限循环模块阻止程序继续读取数据。

程序4-1读数据模块构建示意如图4-14所示。

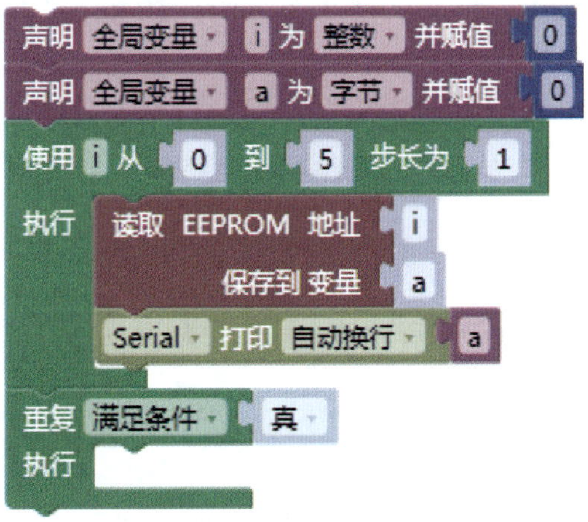

图4-14　程序4-1读数据模块构建示意

（4）分别保存读数据与写数据程序。

4.2.1 程序4-2：把信息保存起来

有白色、灰色、蓝色和黑色4种颜色的物体，用灰度传感器分别检测它们的灰度值，用触碰传感器控制检测。当触碰传感器被触碰时开始检测，并将检测信息写入EEPROM，然后把它读出来。

1. 编程思路

（1）设置触碰传感器、灰度传感器及数据类型转换等相关变量。

（2）判断触碰传感器是否被触碰，如果被触碰则采集灰度信息。

（3）读取灰度传感器信息，换算灰度等级，将转换的信息数据类型转换为"字节"。

（4）将信息数据写入EEPROM。

（5）判断已采集信息的次数，如果已采集4次则终止程序。

2. 采集/保存灰度信息程序

（1）定义变量。

i为采集信息循环变量，用于控制采集的次数（图4-15）。

图4-15　定义变量（1）

butt为触碰传感器信号变量，初始化为1（图4-16）。

图4-16　定义变量（2）

c0为灰度传感器信息变量，c1为灰度等级换算变量，c2为"小数"类型转换为"字节"类型变量（图4-17）。

图4-17　定义变量（3）

（2）构建读取触碰传感器信号模块。

（3）用"如果/执行"模块判断是否采集信息。若判断为真，则采集信息并进行数据转换后将信息数据写入EEPROM。

（4）用无限循环模块终止程序。

（5）构建采集/保存灰度信息程序模块，如图4-18所示。

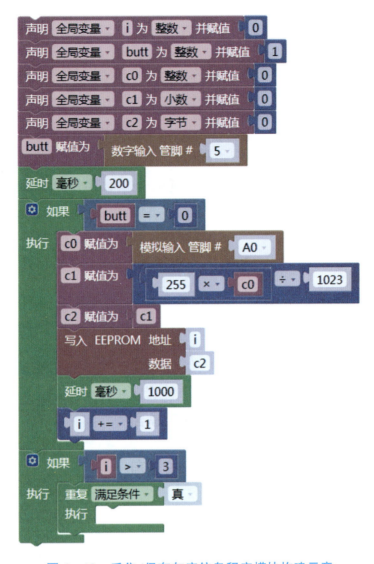

图 4 − 18　采集/保存灰度信息程序模块构建示意

（6）保存程序。

3. 读取灰度信息程序

（1）构建读取灰度信息程序模块，如图 4 − 19 所示。

（2）保存程序。

图 4 − 19　读取灰度信息程序模块构建示意

4.3 创意体验

4.3.1 程序 4 – 1 体验

（1）上传程序 4 – 1 中的写数据程序，将数据写入 EEPROM。

（2）上传程序 4 – 1 中的读取数据程序，从 EEPROM 中读出存储的数据，体验程序 4 – 1，如图 4 – 20 所示。

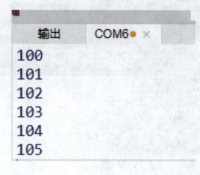

图 4 – 20　程序 4 – 1 执行结果

4.3.2 程序 4 – 2 体验

1. 连接元器件

1）连接灰度传感器

将灰度传感器的探头向前，插在面包板的左前角，信号线 OUT 连接到 Arduino 开发板的引脚 A0，电源引脚 VCC 先连接到面包板后部，接地引脚 GND 连接 Arduino 的开发板引脚 GND。

2）连接触碰传感器

将触碰传感器插在教学小车右前部的 JS2 引脚接口上，信号线引脚 OUT 连接 Arduino 开发板的引脚 5，电源引脚 VCC 先在面包板上与灰度传感器的引脚 VCC 连接，接地引脚 GND 连接 Arduino 开发板的引脚 GND。

3）连接电源

从面包板将灰度传感器与触碰传感器的电源引脚连接到 Arduino 开发板的 5 V 引脚。

程序 4 – 2 元器件连接示意如图 4 – 21 所示。

2. 采集/保存灰度信息程序及传感器操作

（1）上传采集的信息与保存程序。

（2）采集物体颜色灰度信息。采集物体颜色灰度信息时，可以选取有代表性颜色的积木块或其他物体；检测时每一物体距传感器的距离大致相等；由于程序中没有输出信息，所以每次检测的时间要大于 2 s，程序中为了使触碰传感器读数稳定构建了 2 处"延时"模块。

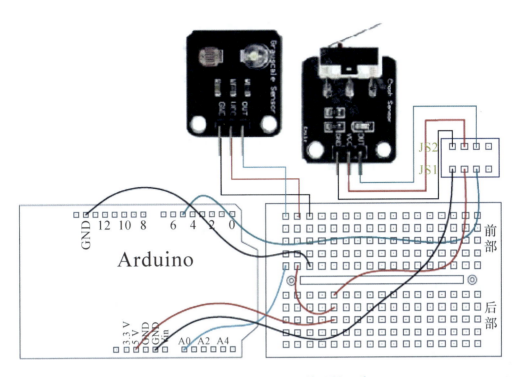

图 4 – 21　程序 4 – 2 元器件连接示意

3. 读取灰度信息程序效果体验

上传程序 4 – 2 中的读取灰度信息程序，读取灰度信息数据，如图 4 – 22 所示。

图 4 – 22　读取灰度信息程序执行结果

4. 不同类的数据存储

程序 4 – 2 执行后，原来程序 4 – 1 中保存的数据还有没有呢？肯定没有了，同学们可以检验一下。原因并不是丢失了，而是程序 4 – 2 的数据占用了程序 4 – 1 的地址。

为了避免这种情况，可以将不同类的数据写入 EEPROM 不同的地址，地址的范围只要不超过 0 ~ 1023 就行了。不过你要把它记下来。

同学们体验一下，将数据 1.23 写入 EEPROM 的地址 100，再看看程序 4 – 2 中的数据还有没有。

1. Arduino EEPROM 的特点是什么？它的使用寿命有多长？

2. EEPROM 存储数据的地址有多少个？数据类型是什么？

3. 图 4 – 23 所示是读/写 EEPROM 的程序。两个程序中各有 1 处错误，请把它们找出来并改正。

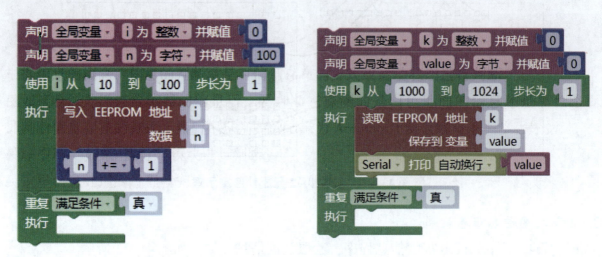

图 4 – 23　第 3 题图

4. 将数据 {10，15} 写入 EEPROM，然后把它们读出来。不使用循环读/写方式，并注意用无限循环模块控制程序反复读写，或将整个程序模块放在"初始化"模块缺口中。

第 3 单元
数字输入与输出

- 数字信号的相关概念
- 数字输入与数字传感器
- 数字输出与执行器

数字输入

Arduino 开发板的各种开发功能都是通过它的输入/输出引脚实现的。我们已经初步认识并多次使用了 Arduino 开发板的输入/输出引脚。从现在开始，对 Arduino 开发板的输入/输出引脚进行比较全面系统的了解。

5.1 基本要点

5.1.1 什么是数字输入

数字输入就是数字信号的输入。"数字输入"模块对应的是一个数字输入函数，如图 5-1 所示。

图 5-1 数字输入函数

函数名中 digital 是数字的意思，Read 是读的意思，因此把输入数字信号叫作读数字信号。

数字传感器产生的信号是数字信号，因此"数字输入"模块读取信号的对象是包括按键开关等在内的数字传感器，如图 5-2 所示。

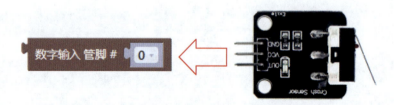

图 5-2 读传感器数字信号示意

5.1.2 数字输入是怎么实现的

电子电路中的信号是一种电信号，数字传感器产生的信号也是一种电信号。当这种电信号的电压低于某一值时，规定它的数字量为0；当这种电信号的电压高于某一值时，规定它的数字量为1。

Arduino 开发板的每个输入/输出引脚的额定电压为 0~5 V，当数字传感器输入 Arduino 开发板数字引脚的电压为 0~2 V 时规定输入的数字量为 0，即"低"或"假"状态；当输入数字引脚的电压为 3~5 V 时规定输入的数字量为 1，即"高"或"真"状态，如图 5-3 所示。

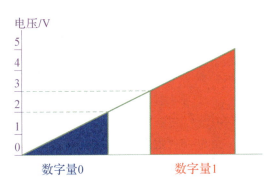

图 5 – 3　电压与数字量的关系示意

注意：今后无论是输入还是输出，将各种元器件连接到 Arduino 开发板上时，它们的接地引脚都要连接到 Arduino 开发板的引脚 GND。否则，这些元器件（如传感器）对 Arduino 微控制器来说就没有一个统一的电压参考点。

5.2　编写程序

【程序 5 –1】　是 0 还是 1；

【程序 5 –2】　触碰了多少次。

5.2.1　程序 5 –1：是 0 还是 1

验证数字量与电压的关系。用电位器改变触碰传感器的电压，通过串口监视器观察触碰传感器的电压 <2.0 V 或 >3.0 V 时输出的数字量。

说明：触碰传感器正常使用时，按下触碰传感器时数字输出为 0，触碰传感器未被按下时数字输出为 1，如图 5 –4 所示。

图 5 –4　触碰传感器的数字输出示意

（1）电路原理图。

编程之前，要先考虑电路的搭设。

将电位器的一端连接 Arduino 开发板的 5 V 引脚，将另一端在 Arduino 开发板上接地；电位器的输出端分成 2 路，一路连接触碰传感器的电源引脚 VCC，另一路连接 Arduino 开发板的引脚 A5 以读取电位器及触碰传感器电压。程序 5 –1 电路布局如图 5 –5 所示。

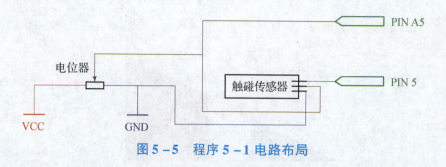

图 5 – 5　程序 5 – 1 电路布局

（2）编程思路。

分别读取电位器引脚 A5 的电压值和触碰传感器引脚 5 的数字量，串口输出读取结果。为了便于观察，每次读数后延时 3000 ms。

（3）定义变量。

v0 为读取电位器引脚变量；

v 为换算电压变量，数据类型为"小数"；

digital 为输出的数字量变量。

因为电位器与触碰传感器模块在程序中使用频率不高，所以省去变量定义，直接使用引脚号。

（4）电压参数 v0 换算（图 5 – 6）。

图 5 – 6　电压参数 v0 换算

（5）构建程序模块

程序 5 – 1 模块构建示意如图 5 – 7 所示。

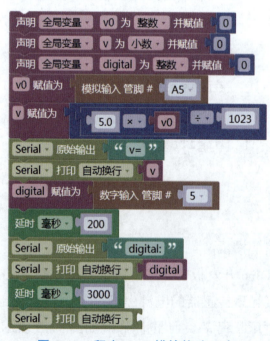

图 5 – 7　程序 5 – 1 模块构建示意

（6）保存程序。

5.3.2 程序5-2：触碰了多少次

用语音模块播报触碰传感器被触碰的次数。

（1）编程思路。

用累加器累计触碰传感器被触碰的次数。每触碰一次后语音播放器播报累计次数。

定义一个语音播放函数，在函数体内用switch模块实现语音播报。

（2）定义函数。

命名函数为myF（），定义函数参数x的数据类型为"整数"（图5-8）。

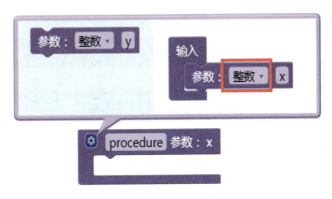

图5-8 定义函数

构建函数体程序模块（部分模块），如图5-9所示。

图5-9 构建函数体程序模块

在函数体内用switch模块构建语音模块，播放1~9的语音。

（3）构建调用函数程序模块。

在调用函数程序中，定义传感器信号变量p和触碰次数累加变量n；读触碰传感器数字信号并累加；应用myF（）函数播放语音。

程序5-2模块构建示意如图5-10所示。

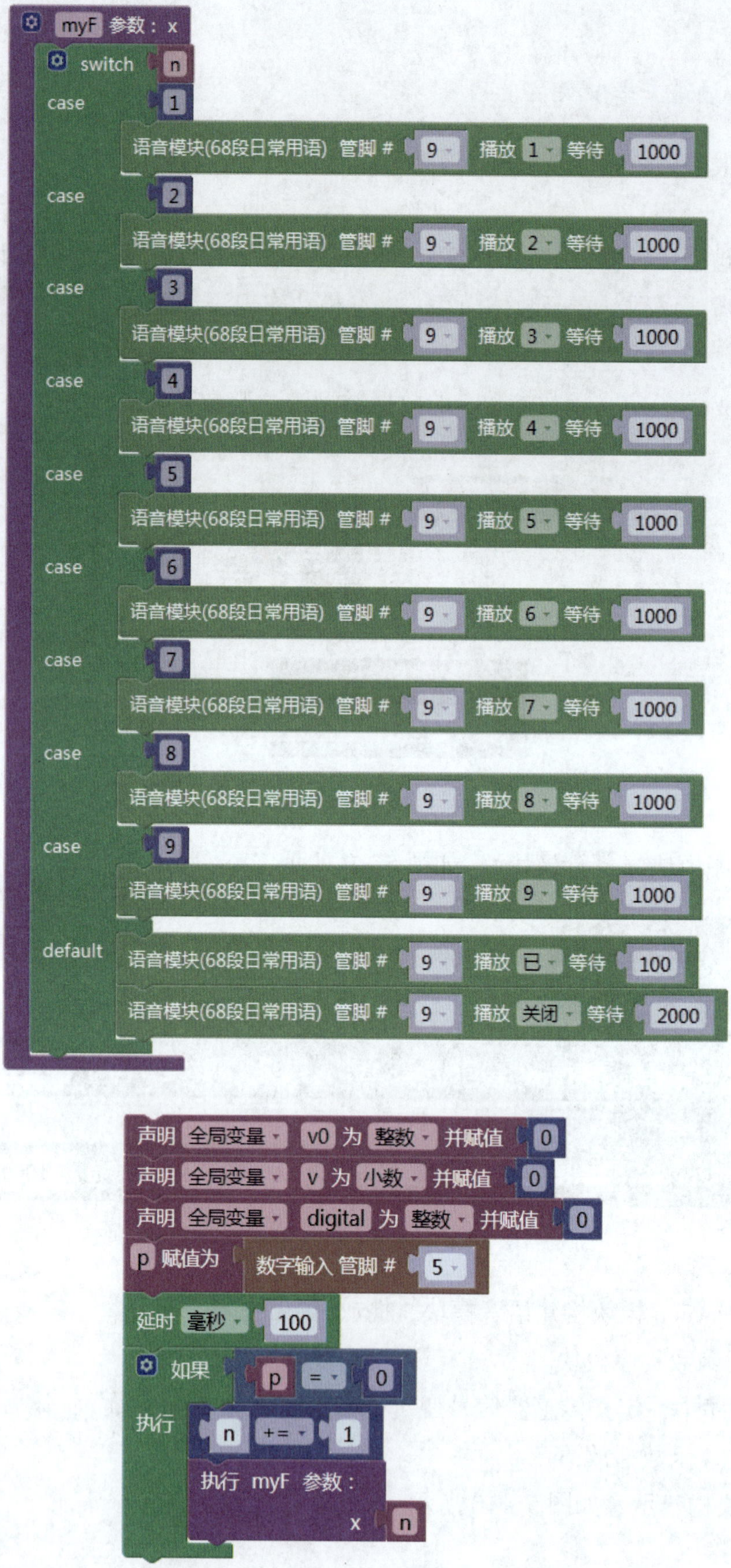

myF 参数：x

switch n

case 1
语音模块(68段日常用语) 管脚 # 9 播放 1 等待 1000

case 2
语音模块(68段日常用语) 管脚 # 9 播放 2 等待 1000

case 3
语音模块(68段日常用语) 管脚 # 9 播放 3 等待 1000

case 4
语音模块(68段日常用语) 管脚 # 9 播放 4 等待 1000

case 5
语音模块(68段日常用语) 管脚 # 9 播放 5 等待 1000

case 6
语音模块(68段日常用语) 管脚 # 9 播放 6 等待 1000

case 7
语音模块(68段日常用语) 管脚 # 9 播放 7 等待 1000

case 8
语音模块(68段日常用语) 管脚 # 9 播放 8 等待 1000

case 9
语音模块(68段日常用语) 管脚 # 9 播放 9 等待 1000

default
语音模块(68段日常用语) 管脚 # 9 播放 已 等待 100
语音模块(68段日常用语) 管脚 # 9 播放 关闭 等待 2000

声明 全局变量 v0 为 整数 并赋值 0
声明 全局变量 v 为 小数 并赋值 0
声明 全局变量 digital 为 整数 并赋值 0

p 赋值为 数字输入 管脚 # 5

延时 毫秒 100

如果 p = 0
执行 n += 1
执行 myF 参数：
x n

图 5 −10　程序 5 −2 模块构建示意

（4）保存程序。

5.3　创意体验

5.3.1　程序5–1体验

1. 连接元器件

（1）连接电位器。将电位器插在教学小车左前部的 JS6 引脚接口上；从 JS5 引脚接口上将电位器电源输入端连接 Arduino 开发板的 5 V 引脚，输出端（中间引脚）连接 Arduino 开发板前部，接地端连接 Arduino 开发板的引脚 GND。

（2）连接触碰传感器。将触碰传感器插在教学小车右前部的 JS2 引脚接口上；信号引脚连接 Arduino 开发板的引脚 5，电源引脚 VCC 在面包板上与电位器输出端连接，接地引脚连接 Arduino 开发板的引脚 GND。

程序 5–1 元器件连接示意如图 5–11 所示。

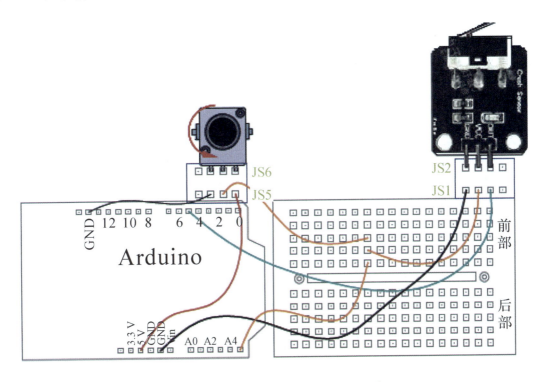

图 5–11　程序 5–1 元器件连接示意

2. 上传程序

将程序 5–1 上传到 Arduino 开发板后不要拔掉数据线。

3. 串口体验

如图 5–11 所示，先将电位器旋钮沿逆时针方向轻轻旋转至输入端点，这时串口显示触碰传感器的电压为 5 V 或接近 5 V，数字量（digital）显示 1。

（1）3~5 V 范围：触碰传感器未被按下时数字量为1，被按下时数字量为0，这说明被按下后触碰传感器的电压低于3 V，如图5-12所示。

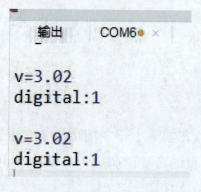

图 5-12　串口体验（3~5 V 范围）

（2）0~2 V 范围：沿顺时针方向轻轻旋转电位器旋钮，将电压调至2 V 以下，这时无论按下或不按下触碰传感器，串口始终显示数字量为0，如图5-13所示。

图 5-13　串口体验（0~2 V 范围）

以上体验说明数字量1和0（或高和低）是由电压的高低决定的。

5.3.2　程序5-2体验

1. 连接元器件

（1）连接语音模块。将语音模块插在 JS6 引脚接口上，从 JS5 引脚接口上将信号引脚连接 Arduino 开发板的引脚9，将电源引脚 VCC 先连接到面包板，接地引脚 GND 连接 Arduino 开发板的引脚 GND。

（2）连接触碰传感器。将触碰传感器插在 JS2 引脚接口上，从 JS1 引脚接口将信号引脚连接 Arduino 开发板的引脚5，将电源引脚 VCC 在面包板上与语音模块电源引脚连接，接地引脚 GND 连接 Arduino 开发板的引脚 GND。

程序5-2元器件连接示意如图5-14所示。

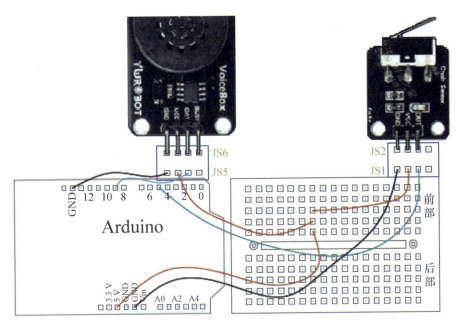

图 5 – 14　程序 5 – 2 元器件连接示意

2. 上传程序

将程序 5 – 2 上传到 Arduino 开发板。

3. 体验效果

每按下一次触碰传感器，语音模块就会播报累计按下触碰传感器的次数。

想一想：根据规定，按下触碰传感器时触碰传感器的电压范围是多少？播放语音时触碰传感器的电压范围是多少？

说明 1：如果第一次按下触碰传感器时语音"1"播放不出来，在编辑区增加一个"初始化"模块，初始化语音播放"0"，如图 5 – 15 所示。

图 5 – 15　初始化语音模块

说明 2：如果要重复体验，单击菜单栏中的"串口"按钮　![串口]　，弹出串口监视器界面，如图 5 – 16 所示。单击"关闭"按钮，再单击"打开"按钮，就可以重新体验了。

图 5 – 16　重新打开串口操作示意

1. 数字输入的含义是什么？

2. 数字输入中，数字量 1 和 0 分别规定的电压范围是多少？

3. 如果为 Arduino 开发板供电的干电池用久后其电压低于 2 V，则这时与 Arduino 开发板连接的数字传感器还是否正常工作？

4. 有一个数字传感器的信号引脚连接 Arduino 开发板的数字引脚 5。图 5 - 17 所示的两个模块中，读引脚 5 的数字信号的模块是（　　　　）。

图 5 - 17　第 4 题图

A. "p 赋值为" 模块

B. "数字输入" 模块

C. "p 赋值为" 模块 + "数字输入" 模块

D. 以上都不是

5. 下面的举例中属于数字输入的在后面的括号中打 "√"，不属于数字输入的在后面的括号中打 "×"。

（1）按 "暂停" 键让洗衣机暂停。（　　　）

（2）用遥控器让空调关机。（　　　）

（3）用灰度传感器测量蓝色物体的灰度值。（　　　）

（4）打开墙上的电灯开关（　　　）

6. 仔细阅读图 5 - 18 所示的程序，根据程序执行结果说出 n 的值是多少。

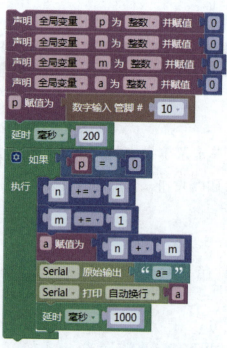

图 5 - 18　第 6 题图（1）

程序执行结果如图 5－19 所示。

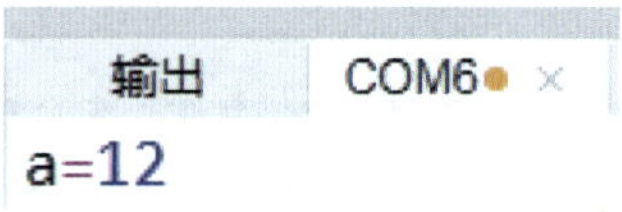

图 5－19　第 6 题图 （2）

n =（　　　）。

第 **6** 课

数字输出

6.1 基本要点

6.1.1 什么是数字输出

我们已经知道，数字输入是由规定的 0~2 V 或 3~5 V 电压范围确定的。那么，数字输出的情形又是怎样的呢？

先看看图 6-1 所示被 Arduino 开发板点亮的两只 LED 灯。

图 6-1 不同亮度的 LED 灯实物

右边的 LED 灯亮度较高，电压为 1.96 V。左边的 LED 灯亮度较低，电压为 0.05 V。两只 LED 灯的电压都低于 2 V。

从这个例子可以看出，只要连接 LED 灯引脚的电压高于 0 V，LED 灯就会点亮。因此，可以得出：用"数字输出"模块控制 LED 灯熄灭时，LED 灯的电压只能为 0 V。

从这个例子还可以看出，数字输出的"低"状态对应的电压是 0 V，而不是 0~2 V。因此，数字输出的"高"或"低"状态与数字输入的"高"或"低"状态分别对应的电压是不同的。

数字输出的"低"状态对应的电压值为 0 V；数字输出的"高"状态对应的电压值为 5 V。

6.1.2 "数字输出"模块

数字输出就是数字信号输出。"数字输出"模块对应的是一个数字输出函数，如图 6-2 所示。

图6-2 "数字输出"模块

函数名中 Write 是写的意思，所以把输出数字信号叫作写数字信号。

写数字信号就是为执行器输出数字信号，如图6-3所示。

图6-3 写数字信号到执行器示意

无论是输入数字信号还是输出数字信号，都是在 Arduino 开发板的数字引脚上实现的，但是它们的方向相反。

输入数字信号是将传感器的数字信号读入 Arduino 微控制器；输出数字信号是将 Arduino 微控制器的数字指令发送给外部执行器，如图6-4所示。

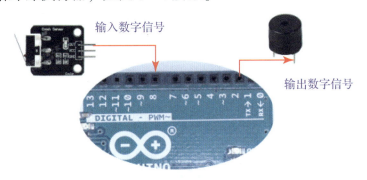

图6-4 输入/输出数字信号示意

6.1.3 三极管

三极管也称为双极型晶体管或晶体三极管，是一种控制电流的半导体器件。

1. 认识三极管

三极管有两种结构形式，即 NPN 型和 PNP 型。这里认识和了解 NPN 型三极管，如图6-5所示。

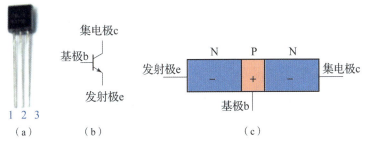

图6-5 NPN 型三极管实物、符号及结构图

（a）实物；（b）符号；（c）结构图

三极管有 3 个引脚。面向三极管的一个平面，它的 3 个引脚从左至右依次是：引脚 1 为发射极 e（emitter），引脚 2 为基极 b（base），引脚 3 为集电极 c（collector）。

2. NPN 型三极管的负载连接

NPN 型三极管在集电极 c 连接负载，在基极 b 连接 Arduino 开发板的控制引脚，发射极 e 在 Arduino 开发板上接地，如图 6-6 所示。

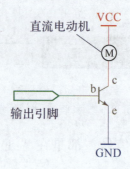

图 6-6　NPN 型三极管负载示意

3. 三极管的特性

为什么 Arduino 开发板要通过三极管来驱动一个直流电动机呢？先看一看一种 130 小型直流电动机的工作参数：

电压：1~6 V；

电流：350~400 mA。

130 小型直流电动机如图 6-7 所示。

图 6-7　130 小型直流电动机

Arduino 开发板每个输入/输出引脚的最大电流为 40 mA，根本无法驱动额定电流为 350~400 mA 的电动机。解决这一问题时，使用三极管就是一个很好的办法。

如图 6-6 所示，只要通过 Arduino 开发板的一个引脚给三极管的基极 b 加一个微弱的电流，就可以成倍甚至几十倍地放大集电极 c 的电流，也就是增大了直流电动机的电流。这样，直流电动机就能正常工作了。

例如，将三极管的基极 b 连接 Arduino 开发板的引脚 5，当引脚 5 输出数字 1 时，输出电流 40 mA，如果电动机正常转动，则说明它的电流通过三极管增大了 10 倍。

这一现象说明了三极管的最基本最重要的特性：三极管具有电流放大作用。它能以基极电流的微小变化量控制集电极电流较大的变化量。

6.2 编写程序

【程序6-1】 电动机为什么不运行；

【程序6-2】 让电动机运行。

6.2.1 程序6-1：电动机为什么不运行

用Arduino开发板的数字输出引脚直接驱动130小型直流电动机，观察驱动效果。

（1）编程思路。

用"数字输出"模块驱动电动机，让电动机运行3000 ms，再停止1000 ms。

（2）构建程序模块。

根据编程思路，程序的功能主要是实现电动机的启动与停止，即用"数字输出"模块向电动机的电源引脚写数字信号。

程序6-1模块构建示意如图6-8所示。

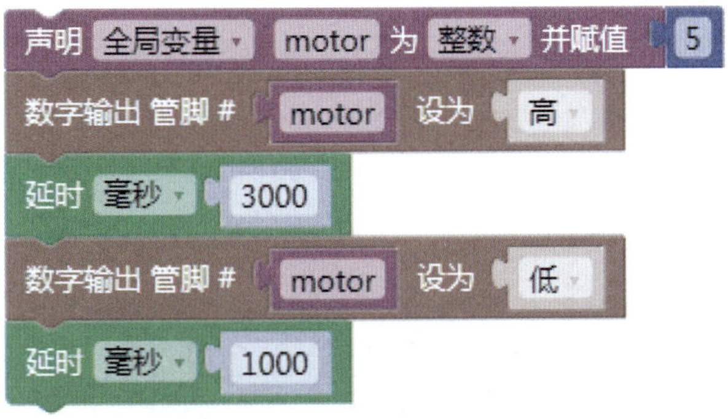

图6-8　程序6-1模块构建示意

（3）保存程序。

6.2.2 程序6-2：让电动机运行

用触碰传感器控制130小型直流电动机的启动与停止，NPN型三极管控制电动机的运行。

（1）编程思路。

Arduino开发板的数字引脚控制三极管的基极b，引脚输出"高"信号让电动机启动，输出"低"信号让电动机停止。

用一个循环结构模块让触碰传感器反复控制电动机的启动和停止。按下触碰传感器时电动机启动，再次按下触碰传感器时电动机停止。

（2）定义变量。

程序中只定义一个读触碰传感器信号的变量，有关引脚因为模块使用的频率不高，在模块中直接指定即可。

butt 为触碰传感器信号变量，用于存储触碰传感器信号（图 6 − 9）。

图 6 − 9　定义变量

（3）构建循环模块。

由于程序要求触碰传感器控制电动机的重复启动或停止，所以需要构建一个循环结构模块，而不能直接利用程序编辑区的循环特性实现。

用于控制循环模块的表达式为触碰传感器是否被按下，如果被按下则在循环体内通过三极管基极触发电动机运行（图 6 − 10）。

图 6 − 10　构建循环模块

（4）构建循环体程序模块。

触碰传感器被按下后，程序进入"重复／执行"循环模块的循环体，用"数字输出"模块输出"高"信号启动电动机（图 6 − 11）。

图 6 − 11　构建循环体程序模块（1）

这里非常简单而且很容易理解。问题是怎么样在再次按下触碰传感器时让电动机停下来呢？

办法是在循环体内构建一个读触碰传感器信号的模块。程序在循环执行的过程中，如果读到触碰传感器被按下的信号就停止电动机，并跳出循环。

根据这一思路，需要构建一个"如果／执行"条件判断模块。在这个条件判断模块内停止电动机后退出循环（图 6 − 12）。

图 6 − 12　构建循环体程序模块（2）

但是，如何设计"如果／执行"模块的条件表达式呢？

首先要用"数字输入"模块读触碰传感器信号，如果触碰传感器再次被按下就停止电动机。可是触碰传感器被按下的信号为0，这时只要对0取非使其变为1，让条件判断为"真"，就可以进入"执行"缺口中的模块停止电动机，并跳出该循环进入下一个循环（图6-13）。

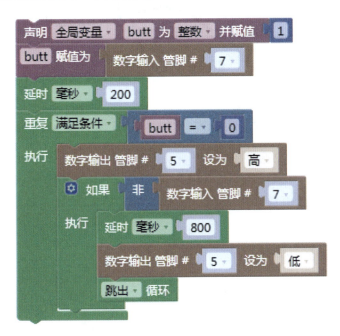

图6-13 构建循环体程序模块（3）

说明："执行"缺口中的"延时"模块是为了消除按压触碰传感器时的抖动。

（5）构建程序模块。

程序6-2模块构建示意如图6-14所示。

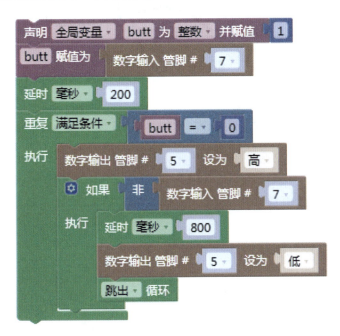

图6-14 程序6-2模块构建示意

（6）保存程序。

6.3 创意体验

6.3.1 程序6-1体验

1. 连接电动机

先用螺丝将130小型直流电动机按图6-15所示的方法固定在教学小车前部。

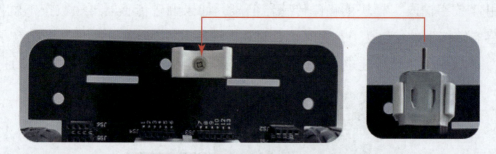

图 6 - 15　固定电动机示意

然后，将电动机电路连接到 Arduino 开发板电源引脚 5、接地引脚 GND，如图 6 - 16 所示。

图 6 - 16　电动机连接示意

2. 上传程序并体验

将程序 6 - 1 上传到 Arduino 开发板后，电动机并没有被启动，因为引脚 5 输出的电流达不到电动机的额定电流要求。

同学们试一试，将图 6 - 15 中连接在引脚 5 的跳线插在 5 V 引脚上，电动机就会转动起来，但是这只不过是利用 USB 提供电源，Arduino 开发板却无法控制电动机的运行。

6.3.2　程序 6 - 2 体验

1. 连接元器件

（1）连接三极管与电动机。这里使用的三极管是 2N3904。将三极管插在面包板上，发射极 e 引脚连接 Arduino 开发板的引脚 GND，基极 b 引脚连接 Arduino 开发板的引脚 5，集电极 c 引脚连接电动机的输出端引脚。电动机的输入端先连接在面包板上。

（2）连接触碰传感器。将触碰传感器插在教学小车右前端的 JS2 引脚接口上，信号引脚 OUT 连接 Arduino 开发板的引脚 7，电源引脚 VCC 在面包板上与电动机输入端引脚连接，接地引脚 GND 连接 Arduino 开发板的引脚 GND。

（3）连接电源。将教学小车上的电源引脚 VCC 在面包板上与电动机输入端引脚连接，然后连接到 Arduino 开发板的引脚，教学小车的引脚 GND 连接 Arduino 开发板的接地引脚 GND。

程序 6 - 2 元器件连接示意如图 6 - 17 所示。

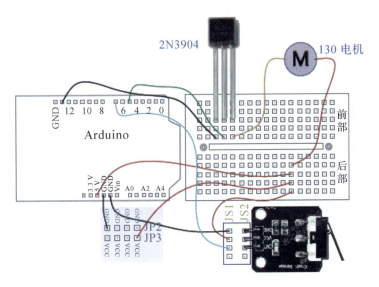

图 6-17　程序 6-2 元器件连接示意

2. 上传程序并体验效果

上传程序 6-2 到 Arduino 开发板，然后拔下 USB 数据线开始体验程序执行效果。体验时要小心认真，注意安全。

体验时注意观察与思考以下问题。

（1）对于 Arduino 微控制器来说，触碰传感器与三极管两种元器件，哪一种是数字输入？哪一种是数字输出？

（2）三极管基极的电流最大是多少毫安？130 小型直流电动机的电流最小是多少毫安？

（3）三极管可以用作无触点开关控制电流的通断。在 NPN 型三极管的 3 个引脚 e、b、c 中，哪个引脚可以作为开关使用？

说明：在教学小车电池电量不足，电动机不能正常启动时可以直接使用 USB 数据线提供电源。

课后思考

1. 数字输出的含义是什么？

2. 在数字输出中，数字量 1 和 0 对应的电压分别是多少？

3. 在发光二极管、触碰传感器、蜂鸣器、灰度传感器、红外循迹传感器中，哪些可以读数字信号？哪些可以写数字信号？

4. 在读、写数字信号的过程中负责读或写数字信号的是（   ）。

A. 数字输入或输出引脚

B. 数字传感器

C. 执行器

D. Arduino 微控制器

5. 晶体三极管的重要特性是什么？

6. 将图 6 – 18 中 NPN 型三极管的 3 个引脚分别与右边的图形符号对应连接。

7. 编写程序：用触碰传感器控制蜂鸣器鸣叫。按下触碰传感器后蜂鸣器开始鸣叫，再次按下触碰传感器后蜂鸣器停止鸣叫，第三次开始鸣叫，第四次又停止鸣叫。让蜂鸣器按这一规律鸣叫或停止（提示：参考本课程序 6 –2）。

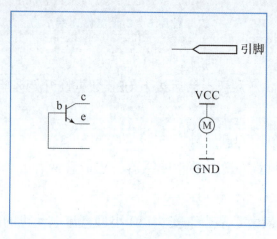

图 6 – 18　第 6 题图

第7课

数字输入与输出的应用

7.1 基本要点

7.1.1 多功能按键

多功能按键是指一个按键通过不同的按压方式实现不同的功能。如单击、双击和长按，就是不同的按压方式。

多功能按键的应用十分广泛。在操作计算机时，人们经常使用单击、双击打开一个网页或文件。在手机屏幕上也可以通过单击、双击触碰屏幕进入某个页面或实现某种操作。

在 Arduino 编程中，Mixly "多功能按键"模块可以非常简便地实现单击、双击或长按等功能。

"多功能按键"模块在"输入/输出"分类中，如图 7-1 所示。

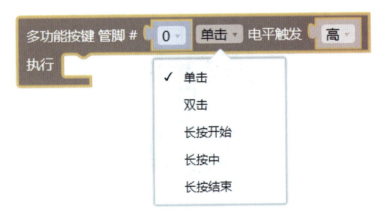

图 7-1 "多功能按键"模块

在图 7-1 中，"单击"即按下按键，按下时间 < 1 s；"双击"即 2 次单击操作间隔时间 < 0.5 s，将 2 次单击操作视为 1 次双击操作。其他按键功能都有相应的规定，这里只需了解单击和双击功能。

在 Arduino 编程中定义单击或双击功能时，首先要确定触碰传感器或触摸传感器连接在哪个引脚，再确定触碰或触摸传感器时是高电平（即 1）有效还是低电平（即 0）有效。

例如，将触碰传感器连接到 Arduino 开发板的引脚 5，按下触碰传感器时为低电平（即 0）有效，则定义"多功能按键"模块的单击功能如图 7 – 2 所示。

在"单击"模块的"执行"缺口中构建相应的程序模块，如单击触碰传感器后点亮 1 只 LED 灯。

图 7 – 2　定义"单击"模块

"多功能按键"模块实际上是一个函数，它不能也无法被放在主程序中，只能被放在主程序的外部。

7.1.2　触摸传感器

触摸传感器在生产生活中的应用十分广泛，几乎随处可以见到触摸传感器的身影。

触摸传感器有电容式和电阻式两种类型。电容式触摸传感器是一种基于电容感应的触摸开关模块。当人的手指触摸传感器的指定区域时就会被传感器感应到。电容式触摸传感器可以穿透绝缘材料（玻璃、塑料等）外壳 20 mm 以上，准确无误地感应到手指的有效触摸。

触摸传感器是一种数字传感器。在初始状态下，触摸传感器输出低电平（即 0）；当用手指触碰触摸传感器上的金属面时，触摸传感器输出高电平（即 1），再次触摸时输出低电平（即 0）。

TTP223 触摸传感器模块如图 7 – 3 所示。

图 7 – 3　TTP223 触摸传感器模块

TTP223 触摸传感器模块的工作电压为 2 ~ 5.5 V，3 个引脚为：信号引脚 SIG、电源引脚 VCC 和接地引脚 GND。

7.2　编写程序

【程序 7 – 1】　小台灯；

【程序 7 – 2】　密码箱。

7.2.1 程序7-1：小台灯

用触摸传感器控制小台灯的灯开与关闭。小台灯用 LED 灯代替。

（1）编程思路。

触摸传感器的初始状态为低电平，因此用高电平控制小台灯打开，用低电平控制小台灯关闭。

（2）定义变量。

定义一个变量 a，用于存储读入的触摸传感器的数字信号（图7-4）。

图7-4　定义变量

（3）判断信号状态，输出开关小台灯的数字信号。

如果 a==1，说明已经触摸了传感器，打开小台灯；如果上次关灯后没有触摸传感器，则初始状态为0，即 a==0，小台灯关闭；如果触摸传感器后（a==1）再次触摸，传感器输出低电平 a==0，同样关闭小台灯（图7-5）。

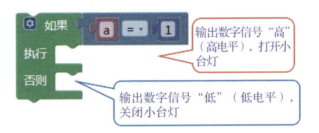

图7-5　判断信号状态并输出数字信号

（4）构建程序模块。

程序7-1模块构建示意如图7-6所示。

（5）保存程序。

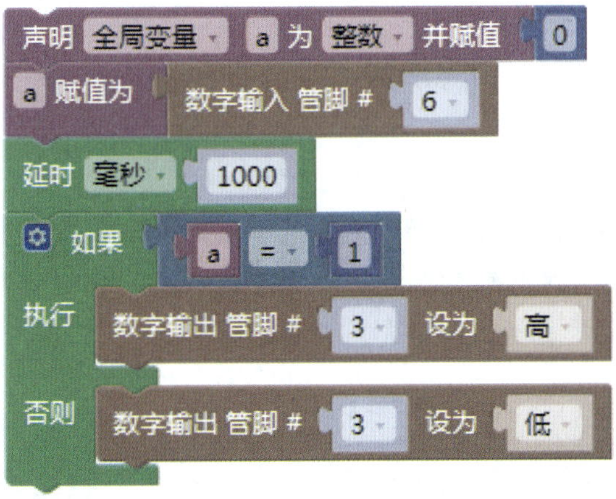

图7-6　程序7-1模块构建示意

7.2.2　程序 7−2：密码箱

　　用多功能按键为密码箱设置一把"密码锁"。在规定时间内单击或双击触碰传感器共 3 次（双击一次等于单击两次），蜂鸣器鸣叫 3 次表示密码锁已打开，否则蜂鸣器长鸣 2000 ms，表示密码错误。

　　（1）编程思路。

　　①用"系统运行时间"模块控制密码输入时间，从第一次按键开始计时。

　　②在"多功能按键"模块中累加按键次数。

　　③在主程序内判断是否在规定时间内完成密码输入，如果是则蜂鸣器短鸣 3 次；否则，蜂鸣器长鸣 2000 ms。

　　（2）定义变量。

　　a 为累加变量，用于累加单击或双击的次数（图 7−7）。

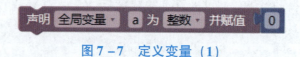

图 7−7　定义变量（1）

　　i 为循环变量，用于控制蜂鸣器的 3 次鸣叫（图 7−8）。

图 7−8　定义变量（2）

　　t0 为系统运行时间变量，用于记录第一次单击开始的时间（图 7−9）。

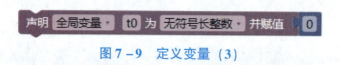

图 7−9　定义变量（3）

　　（3）定义与构建"多功能按键"模块。

　　①定义触碰传感器信号引脚 6。因为触碰传感器被按下为 0，所以定义"电平触发"为"低"（图 7−10）。

图 7−10　定义引脚

　　②在多功能按键"单击"模块中，用变量 t0 记录单击的起始时间；在"单击"和"双击"模块中，变量 a 累加单击或双击次数（图 7−11）。

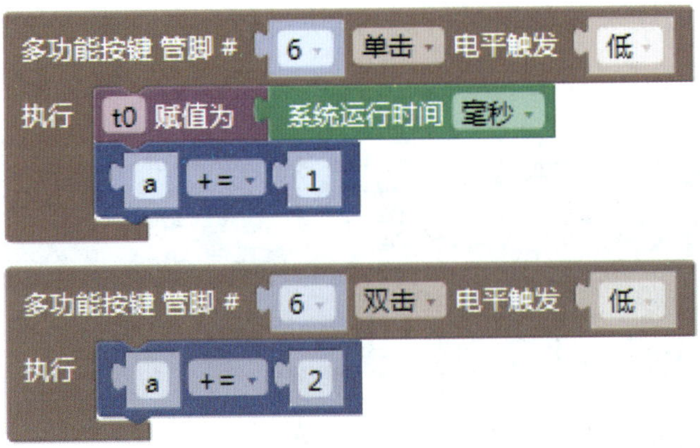

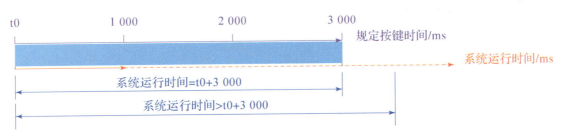

图 7 – 11　设置变量

（4）判断密码输入是否正确。

用 2 个"如果/执行"模块分别进行判断。这里的难点是如何写出"规定时间"的关系表达式。我们规定在 3000 ms 内完成密码输入。先看看图 7 – 12 所示的系统运行时间与按键时间的关系。

图 7 – 12　系统运行时间与按键时间的关系

在图 7 – 12 中，系统从第一次按键时开始计时，计时起点为 t0。至于 t0 具体是什么时间没关系，系统记住了这个时间点。从这个起点开始系统只允许 3000 ms 的时间用于按键。

计时以后，不管是否按键，系统计时器都不会等待，它依然不停地计时。过了 3000 ms 后，系统运行时间就从 t0 + 3000 处超过了规定按键时间。因此，"系统运行时间 >= t0 + 3000"就是规定按键时间的关系表达式，如图 7 – 13 所示。

图 7 – 13　规定按键时间的关系表达式

到这里关键问题就解决了。剩下的只是用逻辑与（且）运算模块符判断在规定时间内输入的密码是否正确，即是否按了 3 次键（a = 3），如图 7 – 14 所示。

图 7 – 14　判断密码是否正确（1）

①将上面的条件表达式放入"如果/执行"模块进行判断即可，然后在"执行"缺口中用一个循环模块闪烁 LED 灯（图 7 – 15）。

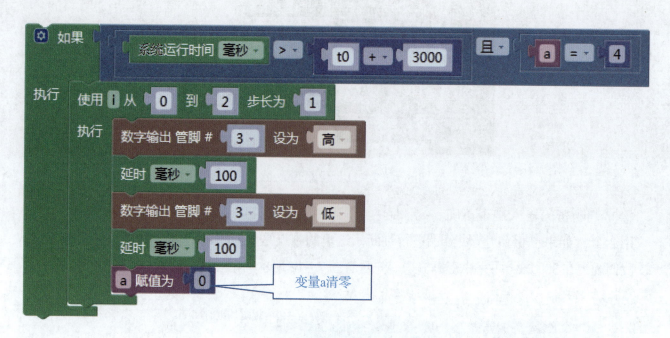

图 7 – 15　判断密码是否正确（2）

②变量 a 清零。一个操作过程结束后，要对变量 a 清零，等待下一个操作过程。

（5）判断输入的密码是否错误。

为什么要用一个"如果/执行"模块专门判断输入的密码是否错误呢？除了正确不就是错误吗？

事情没有这么绝对！仔细想一想就会发现，按键次数累加变量 a 的初值为 0，即密码箱不打开的时候这个变量一直为 0。如果变量 a 除了 3 以外其他都是错误的，那么蜂鸣器会一直叫个不停。

判断输入的密码是否错误的条件表达式如图 7 – 16 所示。

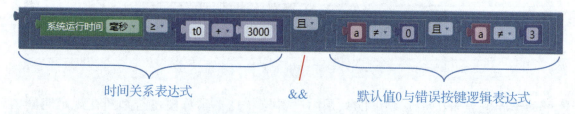

图 7 – 16　判断输入的密码是否错误的条件表达式

（6）构建程序模块。

程序 7 – 2 模块构建示意如图 7 – 17 所示。

（7）保存程序。

图 7 −17　程序 7 −2 模块构建示意

7.3　创意体验

7.3.1　程序 7 −1 体验

1. 连接元器件

1）连接触摸传感器

用弯脚排母连接触摸传感器后插在 JS2 引脚接口上。从 JS1 引脚接口连接触摸传感器信号引脚 SIG 到 Arduino 开发板的引脚 6，引脚 VCC 连接 Arduino 开发板的 5 V 引脚，引脚 GND 连接 Arduino 开发板的引脚 GND，如图 7 −18 所示。

2）连接 LED 灯

将 LED 灯插在面包板上，长引脚连接 Arduino 开发板的引脚 3，短引脚连接 Arduino 开发板的引脚 GND，如图 7 – 18 所示。

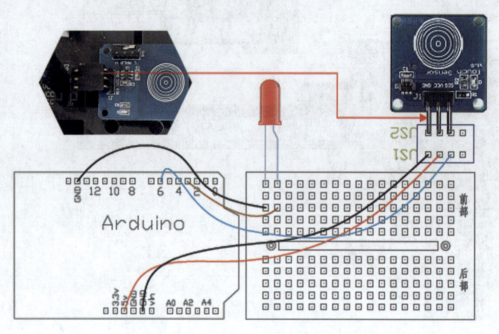

图 7 – 18　程序 7 – 1 元器件连接示意

2. 上传程序并体验效果

在触摸传感器的圆形图案内用手指轻轻触摸，第一次点亮小台灯，第二次关闭小台灯，再次触摸又关闭小台灯。

用纸张覆在触摸传感器上触摸仍然有同样的效果。

7.3.2　程序 7 – 2 体验

1. 连接元器件

1）连接蜂鸣器

将蜂鸣器插在面包板上，长引脚连接 Arduino 开发板的引脚 3，短引脚连接 Arduino 开发板的引脚 GND，如图 7 – 19 所示。

2）连接触碰传感器

将触碰传感器插在 JS2 引脚接口上。从 JS1 引脚接口将触碰传感器的信号引脚 OUT 连接 Arduino 开发板的引脚 6，引脚 VCC 先连接到面包板上，引脚 GND 连接 Arduino 开发板的引脚 GND，如图 7 – 19 所示。

2. 连接电源

将教学小车的电源引脚 VCC 在面包板上与触碰传感器的电源引脚 VCC 连接，再从这里连接 Arduino 开发板的 5 V 电源引脚。教学小车的电源地引脚 GND 连接 Arduino 开发板的引脚 GND，如图 7 – 19 所示。

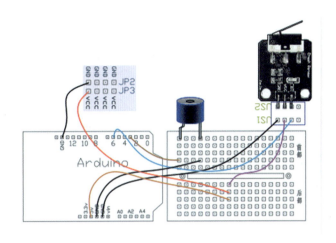

图 7-19　程序 7-2 元器件连接示意

3. 上传程序并体验效果

将程序 7-2 上传到 Arduino 开发板，拔下 USB 数据线体验程序执行效果。

注意，按键顺序为：先单击触碰传感器，让系统开始计时，再双击触碰传感器，3 s 后蜂鸣器鸣叫 3 次。

课后思考

1. 什么是多功能按键？

2. 有一种按键，当它被按下时，通过串口查看显示"1"；当它被释放时，通过串口查看显示"0"。如图 7-20 所示，定义"多功能按键"模块时，"电平触发"是"高"还是"低"？

图 7-20　第 2 题图

3. 举例说一说你所知道的触摸传感器有哪些应用。

4*. 想一想，程序 7-2 中表示"规定时间"的关系表达式（图 7-21）为什么用"≥"运算符而不用"≤"运算符？

图 7-21　第 4 题图

5. 编写程序：用触碰传感器控制 1 只 LED 灯和 1 个蜂鸣器。单击触碰传感器点亮 LED 灯，2000 ms 后关闭；双击触碰传感器让蜂鸣器鸣叫，1000 ms 后关闭。其他条件（如引脚等）自行确定（上机通过 Arduino 开发板验证）。

第 4 单元
模拟输入与输出

- 模拟信号的相关概念

- 模拟输入与模拟传感器

- 模拟输出与执行器

第8课

模拟输入

8.1　基本要点

8.1.1　什么是模拟输入

模拟输入就是模拟量的输入，指输入的信号是一个连续变化的物理量。

例如，Arduino 开发板通过 A0～A5 的任意一个模拟输入引脚读入灰度传感器的信号，它可以得到任意不同等级的灰度信息，而不像数字输入那样只有"白色"或"黑色"信息，如图 8–1 所示。

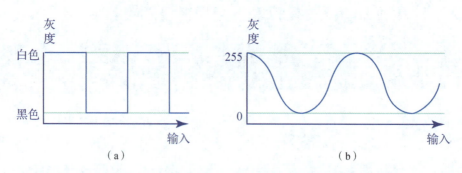

图 8–1　数字信号输入与模拟信号输入示意
(a) 数字信号输入；(b) 模拟信号输入

"模拟输入"模块在"输入/输出"分类中。它对应的引脚为 A0～A5，如图 8–2 (a) 所示。

从"模拟输入"模块的形状可以看出，它的左边需要连接一个接收输入的模块，这样输入才有意义。一般把输入信号存储在一个变量中，这时才算完成"模拟输入"，如图 8–2 (b) 所示。

图 8–2　"模拟输入"模块

8.1.2　模拟量

在时间上和数值上都是连续的物理量称为模拟量。模拟量是由一个叫作模数转换器（A/D 或 ADC）的设备转换而来的。

模数转换器把 Arduino 开发板的一个引脚上 0 ~ 5 V 的模拟电压转换成一个 0 ~ 1023 的整数数字，转换后 Arduino 微控制器就可以"认识"这些数字了，如图 8 - 3 所示。

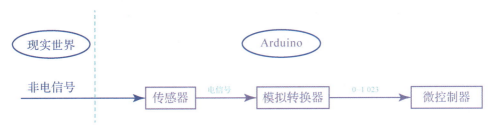

图 8 - 3　模拟输入信号转换示意

对于不同的设备或不同的功能，模拟量的精度可能有所不同。Arduino UNO 模数转换的精度是 10 位，即它的数值范围为 0 ~ 1023 的整数。任何模拟传感器送出的模拟信号经过 Arduino 模数转换器转换后的模拟量都不会超过这个范围。

现在，不要深究模数转换器是怎样进行转换的，只要知道它将 0 ~ 5 V 的模拟电压转换后的数值范围是 0 ~ 1023 即可。

8.1.3　"模拟输入"模块

"模拟输入"模块对应的是一个模拟输入函数，如图 8 - 4 所示。

图 8 - 4　模拟输入函数

函数名中 analog 是模拟的意思，Read 是读的意思，因此把输入模拟信号叫作读模拟信号。

模拟传感器产生的信号是模拟信号，因此"模拟输入"模块读取信号的对象是模拟传感器，如图 8 - 5 所示。

图 8 - 5　读模拟传感器信号示意

8.1.4　换算模拟量

从 8.1.2 节已经知道，现实世界中的任何非电信号被模拟传感器感知后都变成电信号，然后经过模数转换器被转换成0~1023范围内的一连串数字，即模拟量。直接使用这些模拟量数字有时候是没有任何意义的。

例如将电位器的输出端连接到引脚A0，旋动电位器旋钮时从串口读到100，200，…，1000等0~1023范围的一串数字，而电位器的电压范围为0~5 V；

又如灰度传感器获取灰度卡的信息时，从串口看到的仍然是0~1023范围内的一串数字，而灰度的等级范围为0~255。

从上面的例子可以看出，模拟传感器转换的模拟量只有经过换算后才能使用（在不影响程序执行效果的情况下也可以直接使用，如利用灰度传感器循迹）。

现在，以Arduino开发板引脚的电压为例了解它们的换算方法。

Arduino开发板引脚的电压范围为0~5 V，模拟量为0~1023，它们的对应关系如图8-6所示。

图8-6 模拟量与引脚电压对应关系示意

从图8-5可以看出，每一等份模拟量对应的电压值为

$$5 \div 1023 = 0.00488(V)$$

如果读取的模拟量a0为1000，它对应的模拟电压为

$$v0 = 5 \div 1023 \times a0$$

即

$$v0 = 0.00488 \times 1000$$
$$= 4.88(V)$$

注：在前面的学习中，我们多次进行过模拟量换算，但那时还不知道原因。这里讲解换算模拟量，只要求同学们了解换算过程，并知道为什么要换算。

8.1.5 光敏传感器

光敏传感器是利用光敏元件将光信号转换为电信号的传感器，如图8-7所示。

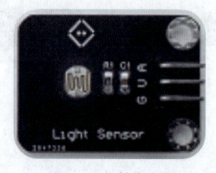

图8-7 光敏传感器

光敏传感器的主要元件是光敏电阻，如图8-8所示。光敏电阻是利用半导体的光电效应制成的一种电阻器。它的阻值随光线的强弱变化而变化。当光敏电阻感受到的光线强时，阻值就减小；当光敏电阻感受到的光线弱时，阻值就增大。

图8-8　光敏电阻

光敏传感器就是利用光敏电阻的这种特性将光信号转换为电信号的。

光敏传感器的工作电压为3.3~5 V。

引脚：A为模拟信号引脚，V为电源引脚VCC，G为电源地引脚GND。

光敏传感器在现实生活中有着广泛的应用，如光控小夜灯、照相机、监控器、声光控开关、摄像头等。

8.2　编写程序

【程序8-1】　不同光线强度的模拟量。

【程序8-1】　"聪明"的小夜灯。

8.2.1　程序8-1：不同光线强度的模拟量

用串口查看光敏传感器在不同光线强度下模拟量的变化。

（1）编程思路。

将光敏传感器的模拟引脚A连接到Arduino开发板的模拟输入引脚A0，用"模拟输入"模块读光敏传感器的模拟信号。

（2）构建程序模块。

程序8-1模块构建示意如图8-9所示。

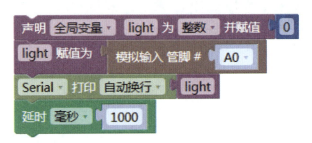

图8-9　程序8-1模块构建示意

（3）保存程序。

8.2.2　程序 8 – 2：“聪明”的小夜灯

设计一盏“聪明”的小夜灯，一到天黑它就亮起来，一到天亮它就自己熄灭。

（1）编程思路。

用 1 只 LED 灯作小夜灯，光敏传感器控制 LED 灯的亮灭。当模拟量 < 200 时视为天黑，点亮 LED 灯；当模拟量 >= 200 时视为天亮，熄灭 LED 灯。

（2）定义变量。

light 为亮度变量，用于存储光敏传感器的信号量（图 8 – 10）。

图 8 – 10　定义变量

（3）读光敏传感器的模拟信号，定义模拟引脚 A0（图 8 – 11）。

图 8 – 11　定义模拟引脚 A0

（4）构建程序模块。

用“如果/执行…否则”模块控制 LED 灯点亮或熄灭。

程序 8 – 2 模块构建示意如图 8 – 12 所示。

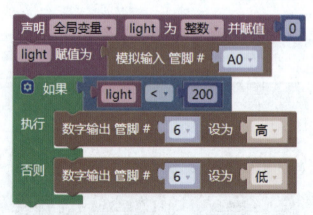

图 8 – 12　程序 8 – 2 模块构建示意

（5）保存程序。

8.3 创意体验

8.3.1 程序8-1体验

1. 连接光敏传感器

将光敏传感器用弯脚排母插在 JS2 引脚接口上。信号引脚 A 连接 Arduino 开发板的模拟输入引脚 A0，电源引脚 V 与 G 分别连接 Arduino 开发板的 5 V 引脚和接地引脚，如图 8-13 所示。

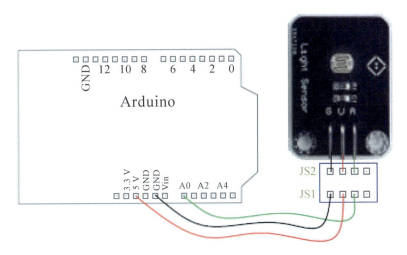

图 8-13　光敏传感器连接示意

2. 上传程序并体验效果

打开串口监视器或直接在串口栏查看光线的变化情况。用手轻轻逐渐遮挡光敏传感器，随着光线逐渐变弱模拟量也逐渐变小，如图 8-14 所示。

接收数据
660
557
319
219
199

图 8-14　程序8-1执行效果

程序 8-1 的体验说明了光敏传感器能感知光线的强弱，但不能很好地体验光线越强光敏电阻阻值越小的特性。下面我们继续做一个实验。

将 1 只 LED 灯插在面包板上，光敏传感器的引脚 A 与 LED 灯的长引脚连接，电源引脚 V 连接教学小车的电源引脚 VCC，LED 灯的短引脚连接教学小车的电源地引脚 GND，如图 8-15 所示。

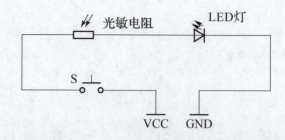

光敏电阻

LED灯

S

VCC　GND

图 8 - 15　光敏电阻与 LED 灯连接电路图

连接好后，打开教学小车电源开关，用手慢慢遮挡光敏电阻，LED 灯会慢慢变暗。这说明光线越弱光敏电阻的阻值越大，因此 LED 灯就越暗。相反，光线越强，光敏电阻的阻值就越小。

8.3.2　程序 8 - 2 体验

1. 连接元器件

1）连接光敏传感器

光敏传感器连接示意如图 8 - 13 所示。

2）连接 LED 灯

将 LED 灯插在面包板上，长引脚连接 Arduino 开发板的引脚 6，短引脚连接引脚 GND，如图 8 - 16 所示。

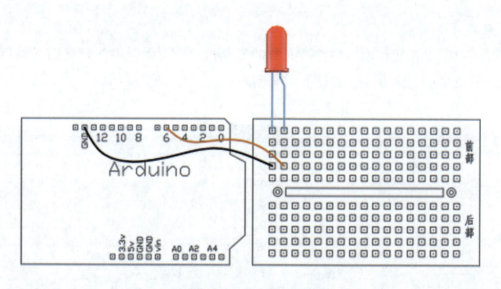

图 8 - 16　LED 灯连接示意

2. 上传程序并体验效果

用手慢慢遮挡光敏电阻，当光线强度于"200"时小夜灯（LED 灯）自动点亮了，当手离开后小夜灯又自动熄灭。

1. 模拟输入的含义是什么？

2. 什么是模拟量？它是怎么得来的？

3. Arduino 模拟转换器的精度是多少位？它的数值范围是多少？

4. 光敏电阻的特性是什么？说一说它有哪些应用。

5. 图 8-17 所示程序中各有 1 处错误，请把它们指出来并改正。（注：程序中 light 为存储光敏传感器信号的变量）

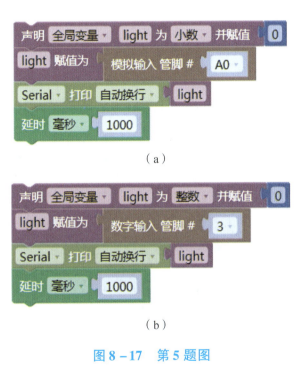

（a）

（b）

图 8-17 第 5 题图

（a）程序 A；（b）程序 B

第 9 课

模拟输出

9.1 基本要点

9.1.1 什么是模拟输出

模拟输出就是模拟量的输出，模拟量是通过 Arduino 微控制器上的脉宽调制（PWM）硬件实现的。

什么是脉宽调制呢？现在只要进行简单的了解即可，如图 9 - 1 所示。

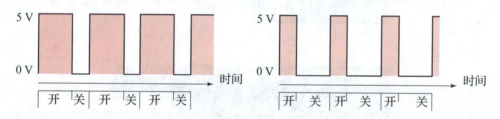

图 9 - 1　脉宽调制示意

例如，用 Arduino 开发板的一个模拟输出引脚点亮 1 只 LED 灯，让它的亮度处于 2 V 电压的状态，用"数字输出"模块是无法实现这一操作的。

为了实现这一操作，即将数字"2"变成"2 V"的电压，有一个办法就是极其快速地开、关这个引脚，快到肉眼无法察觉。每次开的时候这个引脚的电压为 5 V，每次关的时候这个引脚的电压为 0 V。在一个开和关的过程中，让开的时间占 40%，让关的时间占 60%，这时它的平均电压就是 2 V。如果要输出 2.5 V 的电压，则让开和关的时间各占 50% 即可。这就是所谓的脉宽调制（PWM）。不过这是 Arduino 开发板要做的事情，我们只要正确使用"模拟输出"模块就行了。

"模拟输出"模块在"输入/输出"分类中。它对应的引脚为 3、5、6、9、10、11，如图 9 - 2 所示。

图 9 - 2　"模拟输出"模块

从图 9 - 2 可以看出，对于模拟输出并不需要关心脉宽调制器是怎么工作的，只要在"赋值为"框中写入相应的数值即可。

从模拟量转换的角度，比较模拟输入与模拟输出可以看出：模拟输入是将模拟信号转换为数字信号，如 0～1023 的整数；模拟输出是将数字信号转换为模拟信号，如 0～5 V 的电压。注意，这里的"数字"指自然数，而不是 1（高）和 0（低）。

9.1.2　模拟输出的位数与最大数

Arduino UNO 的模拟输入精度为 10 位，数值范围为 0～1023；而模拟输出精度只有 8 位，数值范围为 0～255。

1. 位数

位数是指一个自然数中含有数位的个数，如 123 是一个 3 位数，12345678 是一个 8 位数。

8 位数的最小值和最大值是什么呢？如图 9－3 所示，8 位数的最小值是 0，最大值是 99999999。

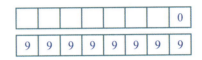

图 9－3　8 位数的最小值和最大值

2. 二进制

为什么 Arduino UNO 模拟输出的 8 位数的最大值是 255，而不是 99999999 呢？因为 Arduino 微控制器像其他计算机一样，使用的数制是二进制。

二进制是计算机技术中广泛采用的一种数制。二进制数据是用 0 和 1 来表示的数。它的基数为 2，进位规则是"逢二进一"。我们现在学习的数学使用的数制十进制，进位规则是"逢十进一"。

如图 9－4 所示，对下面的十进制数 9 和二进制数 1 两个数分别进行加 1 运算。十进制数 9 两次加 1 后的结果为 11；二进制数 1 两次加 1 后的结果为 11，实际上它等于十进制的 3。

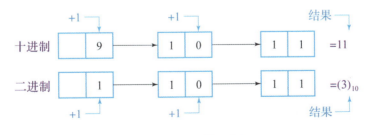

图 9－4　运算示例

如果二进制数 11 再加 1，它就变成了 100，即等于十进制的 4。

3. 8 位二进制的最大值

先看看我们熟悉的 8 位十进制的最大值有什么特性。

从图 9－3 可以看出，4 位十进制的最大值为 9999，实际上它等于

$$10 \times 10 \times 10 \times 10 - 1$$

可以把它写成 $10^4 - 1$ 的形式。式中 10 代表十进制，4 代表位数。由此可知，8 位十进制的最大值为 $10^8 - 1$，即 8 个 10 连续相乘后减 1。

二进制在这方面与十进制具有同样的特性，即 8 位二进制的最大值为 $2^8 - 1$，也就是 8 个 2 连续相乘后减 1：

$$2 \times 2 \times 2 \times 2 \times 2 \times 2 \times 2 \times 2 - 1 = 255$$

这就是为什么 Arduino UNO 的模拟量输出的最大值为 255。

同学们根据这一特性，自己求证：10 位二进制的最大值为 1023。

9.1.3 "模拟输出" 模块

"模拟输出" 模块对应的是一个模拟输出函数，如图 9 – 5 所示。

图 9 – 5　模拟输出函数

函数名中 analog 是模拟的意思，Write 是写的意思，因此把输出模拟信号叫作写模拟信号。模拟输出的取值范围为 0 ~ 255。

"模拟输出" 模块写模拟信号的对象是执行器，如 LED 灯、蜂鸣器、直流电动机等，如图 9 – 6 所示。

图 9 – 6　写模拟信号的对象示意

9.2　编写程序

【**程序 9 – 1**】　烦人的吵闹声；

【**程序 9 – 2**】　可调节亮度的小台灯。

9.2.1　程序 9 – 1：烦人的吵闹声

为蜂鸣器输出由随机数产生的模拟信号，使蜂鸣器发出高低无序地的鸣叫。

（1）编程思路。

用随机数模块生成随机数，将生成的随机数作为模拟输出量输出给蜂鸣器，从而让蜂鸣器以毫无规律的声音鸣叫。

（2）定义变量。

feng 为蜂鸣器引脚变量，定义为模拟输出引脚3。

n 为随机数变量，用于存储生成的随机数。

（3）定义随机数范围。

根据 Arduino UNO 模拟输出精度，将随机数的范围定义为 0～255，当然最大数也可以小于 255，但不能大于 255（图 9－7）。

图 9－7　定义随机数范围

（4）构建程序模块。

程序 9－1 模块构建示意如图 9－8 所示。

图 9－8　程序 9－1 模块构建示意

（5）保存程序。

9.2.2　程序 9－2：可调节亮度的小台灯

用触摸传感器控制 1 只 LED 灯（小台灯），每触摸一次触摸传感器，LED 灯的亮度降低一次，第 4 次触摸时关闭 LED 灯。

（1）编程思路。

用 3 个"如果/执行"条件选择模块分别控制每次触摸传感器后 LED 灯的亮度，第 4 个"如果/执行"模块关闭 LED 灯。LED 灯的亮度变化在自定义函数内中实现。

（2）定义变量。

i 为触摸次数累加变量，并用于为 LED 灯写模拟信号时的计算（图 9－9）。

图 9－9　定义变量（1）

k 为计算模拟量的变量（图 9 – 10）。

图 9 – 10　定义变量（2）

light 为数据类型转换变量，用于将变量 k 从"小数"类型转换为"整数"类型（图 9 – 11）。

图 9 – 11　定义变量（3）

butt 为触摸变量，用于存储触摸传感器被触摸的信号（图 9 – 12）。

图 9 – 12　定义变量（4）

触摸传感器与 LED 灯的引脚在程序模块中直接定义。

（3）定义函数。

①命名函数 light_f，其为无参函数。

②用变量 i 控制 LED 灯的亮度。设置 LED 灯的初始亮度为 200，每触摸传感器一次，LED 灯的亮度降低为

$$200 \div (i \times 4 + 1)$$

式中，"×4"是为了提高每次亮度降低的幅度，"+1"是为了当 i 为 0 时的整个算式合法（图 9 – 13）。

图 9 – 13　控制 LED 灯亮度的算式

③累加变量 i。函数每被调用一次变量自增 1。这个变量 i 除了用于上面的模拟量计算外还有一个重要作用，就是控制函数的调用，在后面会看到它的这一作用。

程序 9 – 2　light_f( ) 函数模块构建示意如图 9 – 14 所示。

图 9 – 14　程序 9 – 2　light_f( ) 函数模块构建示意

（4）调用函数。

每触摸一次传感器调用一次 light_f( ) 函数。

触摸传感器的初始状态为低电平 0，触摸后为 1，再次触摸为 0。用"如果/执行"条件选择

模块调用 light_f( )函数，关键是如何写出条件表达式。

按图9-15所示的方法调用函数行不行呢？当然不行！因为触摸传感器的初始状态为0，即使没有任何操作，当程序执行到第二个"如果/执行"模块也就会调用 light_f( )函数。

这时增加一个条件 i，即每次触摸后调用函数的条件如下。

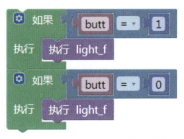

图9-15　调用函数示例

第一次，butt ==1&&i ==0；　　第二次，butt ==0&&i ==1；

第三次，butt ==1&&i ==2；　　第四次，butt ==0&&i ==3。

其中第四次为关闭小台灯，并将 i 值清零，为下一次开启小台灯做准备。

注意，这并不是解决这一问题的唯一方法。其实，对于一个特定的程序设计，往往并不只有一个方法。随着继续深入地学习，要慢慢学会使用简洁优化的程序设计方案。

（5）主程序模块构建。

程序9-2模块构建示意如图9-16所示。

图9-16　程序9-2模块构建示意

（6）保存程序。

9.3 创意体验

9.3.1 程序9-1体验

1. 连接蜂鸣器

将蜂鸣器插在面包板上，长引脚连接 Arduino 开发板的模拟输出引脚3，短引脚连接引脚 GND，如图9-17所示。

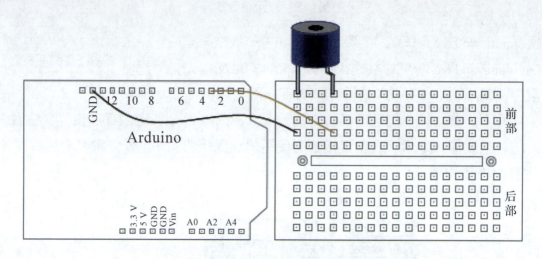

图9-17 程序9-1蜂鸣器连接示意

2. 上传程序并体验效果

（1）程序上传成功后，蜂鸣器会发出毫无规律的鸣叫声。

（2）将程序9-1中蜂鸣器的引脚修改为数字输出引脚4，再上传程序，听听蜂鸣器鸣叫是什么效果。

*有兴趣的同学可以想一想，将模拟输出引脚3改为数字输出引脚4，其他部分不变，0~255范围内产生的哪些随机数无法使蜂鸣器鸣叫？为什么？（只从概念上考虑，不必找出具体的随机数）

9.3.2 程序9-2体验

1. 连接元器件

1）连接 LED 灯

将 LED 灯的长引脚连接到 Arduino 开发板的模拟输出引脚3，短引脚连接引脚 GND。

2）连接触摸传感器

将触摸传感器通过弯脚排母插在教学小车的 JS2 引脚接口上，从 JS1 引脚接口将它的信号引脚 SIG 连接 Arduino 开发板的数字引脚7，引脚 VCC、GND 依次连接 Arduino 开发板的 5 V 电源引脚和引脚 GND。

程序 9 – 2 元器件连接示意如图 9 – 18 所示。

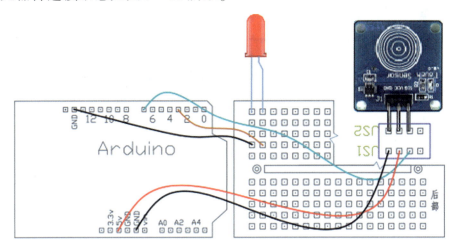

图 9 – 18　程序 9 – 2 元器件连接示意

2. 上传程序并体验效果

将程序 9 – 2 上传到 Arduino 开发板，用手指轻轻触摸传感器，第一次触摸后点亮 LED 灯，两次触摸则降低 LED 灯的亮度，第四次触摸后关闭 LED 灯。说明：将触摸传感器插在 JS2 引脚上后，可以在触摸传感器的背面进行触摸。

体验后同学们可以修改程序，增加一次触摸，将 LED 灯的亮度修改为 4 个等级。

 **课后思考**
/////////////////////

1. 从 Arduino 开发板的模拟输出引脚输出的模拟信号是怎么实现的？

2. Arduino 开发板模拟输出的模拟量范围是多少？为什么？

3. 下列说法中不正确的是（　　）。

A. Arduino 开发板的引脚 3 既可以为 LED 灯写数字信号，也可以为 LED 灯写模拟信号

B. Arduino 开发板的引脚 4 只可以为 LED 灯写数字信号

C. Arduino 开发板的引脚 5 只可以为灰度传感器写模拟信号

D. Arduino 开发板的引脚 A0 ~ A5 不能输出模拟信号

4. 编写程序。

用触碰传感器控制 LED 灯的亮度。每按压一次触碰传感器，LED 灯的亮度降低一次，按压第四次时关闭 LED 灯。每次 LED 灯的亮度自行确定（上机验证程序）。

第 **10** 课

模拟输入与输出的应用

10.1 基本要点

10.1.1 三原色

1. 物体的颜色

在自然界或现实生活中，我们会看到各种各样的颜色，如红色的花儿、绿色的树叶、蓝色的墨水、白色的纸张等（图 10 – 1）。

图 10 – 1　色彩斑斓的自然风光

我们为什么能看到各种各样的颜色呢？原因在于光，而且是白光（日光）。在完全没有光的夜晚，除了黑色我们什么颜色也看不见。

白光是由各种不同的颜色混合而成的。白光照射在不同颜色的物体上，物体的表面吸收了其中的一部分颜色，而反射出另一部分颜色。

我们看到的物体的颜色是它反射出的那部分颜色。如红色的物体反射出白光中的红色。

2. 三原色

既然白光是由各种各样的颜色混合而成的，那么白光肯定包含了红色、绿色和蓝色。红色用字母 R（Red）表示，绿色用字母 G（Green）表示，蓝色用字母 B（Blue）表示。这 3 种颜色有一个共同的特性，即它们不能分解成其他颜色，因此把它们叫作三原色，又叫作光学三原色。其他各种各样的颜色都可以由三原色混合而成。如图 9 – 2 所示，将三原色两两混合便得到了 7 种不同的颜色：

$$红色 + 绿色 = 黄色$$

$$蓝色 + 绿色 = 青色$$

$$红色 + 蓝色 = 亮紫色$$

$$绿色 + 蓝色 + 红色 = 白色$$

图 10-2　三原色混合示意

手机、电视机屏幕上的各种各样的颜色都是由三原色混合而成的。

3. 色值

颜色在纸上可以用色彩表示，可是在计算机中，比如在 Arduino 微控制器中怎么表示呢？科学家们有的是办法！

由于每一种颜色都是由三原色组成的，所以规定每一种颜色中 R、G、B 各自所占的份额为这种颜色的值，即色值。

色值 RGB 的范围为

$$0,0,0 \sim 255,255,255$$

如红色的色值为 255，0，0；绿色的色值为 0，255，0；蓝色的色值为 0，0，255。

同学们可以打开 Windows 自带的画图工具中的"编辑颜色"界面，在"编辑颜色"界面的右下方输出各种不同的 RGB 值①，看一看对应的是什么颜色，如图 10-3 所示。

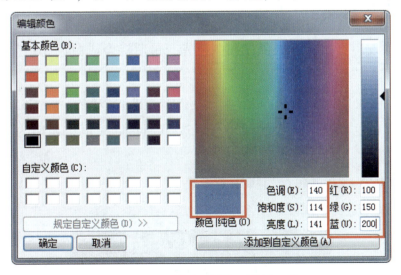

图 10-3　"颜色编辑"界面示意

---

① 注：此界面中蓝色表示为 U。

10. 1. 2　RGB LED

RGB LED 是一种红、绿、蓝三色发光二极管，如图 10 - 4 所示。RGB LED 有 4 个引脚：

R 为红色基色引脚；

G 为绿色基色引脚；

B 为蓝色基色引脚；

GND 为电源地引脚，工作电压为 5 V。

图 10 - 4　RGB LED

通过 R、G、B 3 个引脚输入模拟电压，可以调节红、绿、蓝 3 种基色的强度（即色值），从而显示各种各样的颜色。

10. 2　编写程序

【程序 10 - 1】　神奇的 RGB；

【程序 10 - 2】　五颜六色。

10. 2. 1　程序 10 - 1：神奇的 RGB

让 RGB LED 依次发出红色光、绿色光和蓝色光，最后混合成白色光。

（1）编程思路。

用"模拟输出"模块依次为 RGB LED 信号引脚输出 3 个色值——255，0，0；0，255，0；0，0，255，最后输出白色光的色值 255，255，255。每种颜色之间的延时为 1500 ms。

（2）定义引脚变量。

为了避免混淆，RGB LED 的每个引脚用变量表示。

R 为红色基色变量，定义引脚 9（图 10 - 5）。

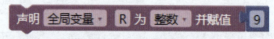

图 10 - 5　定义变量 (1)

G 为绿色基色变量，定义引脚 10（图 10 - 6）。

B 为蓝色基色变量，定义引脚 11（图 10 - 7）。

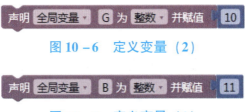

图 10 - 6 定义变量（2）

声明 全局变量 B 为 整数 并赋值 11

图 10 - 7 定义变量（3）

（3）构建程序模块。

程序 10 - 1 模块构建示意如图 10 - 8 所示。

图 10 - 8 程序 10 - 1 模块构建示意

（4）保存程序。

10.2.2 程序 10 - 2：五颜六色

用光敏传感器控制 RGB LED 的绿色基色和蓝色基色的强度，将红色基色的色值固定为 255。当光敏传感器的光线越来越弱时 RGB LED 发出以红色为主的光。

（1）编程思路。

这是一个同时使用模拟输入与模拟输出的程序。由于模拟输入与模拟输出的精度不同，所以先对光敏传感器输入的模拟量进行换算，然后按程序要求输出给 RGB LED。

（2）定义变量及引脚。

light 为光敏传感器信号变量，用于存储读取的光敏传感器信号（图 10–9）。

图 10–9　定义变量（1）

light_c 为模拟量换算变量，用于将 10 位精度的模拟量换算为 8 位精度的模拟量（图 10–10）。

图 10–10　定义变量（2）

n 为对 light_c 取整的变量（图 10–11）。

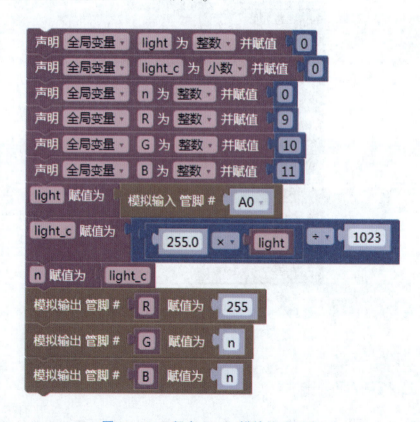

图 10–11　定义变量（3）

引脚 R、G、B 变量定义同程序 10–1。

（3）构建程序模块。

程序 10–2 模块构建示意如图 10–12 所示。

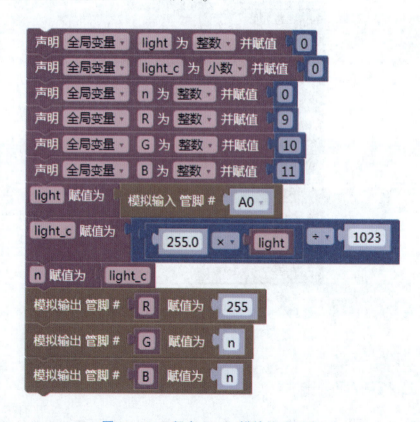

图 10–12　程序 10–2 模块构建示意

（4）保存程序。

10.3　创意体验

10.3.1　程序 10 - 1 体验

1. 连接 RGB LED

用弯脚排母将 RGB LED 插在教学小车左前部的 JS6 引脚接口上，引脚 R、G、B、GND 依次连接 Arduino 开发板的模拟输出引脚 9、10、11，引脚 GND，如图 10 - 13 所示。

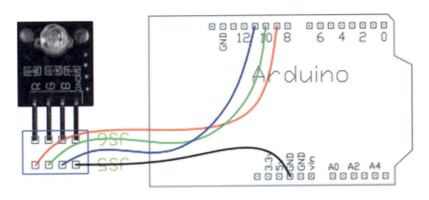

图 10 - 13　程序 10 - 1 RGB LED 连接示意

2. 上传程序并体验效果

将程序 10 - 1 上传到 Arduino 开发板。上传成功后 RGB LED 依次发出红、绿、蓝、白 4 种不同颜色的光。

同学们可以修改程序中 R、G、B 的值，体验颜色的变化。例如：

橙色：228，120，51；　　　黄色：255，255，0；

棕色：234，173，234；　　　暗灰：84，84，84。

注意，体验时不要长时间看着 RGB LED，保护好眼睛。

10.3.2　程序 10 - 2 体验

1. 连接元器件

（1）连接 RGB LED，如图 10 - 13 所示。

（2）连接光敏传感器。

用弯脚排母将光敏传感器插在教学小车右前部的 JS2 引脚接口上，信号引脚 S，电源引脚 V、G 依次连接 Arduino 开发板的引脚 A0、5 V 和 GND，如图 10 - 14 所示。

2. 上传程序并体验效果

（1）将程序 10 - 2 上传到 Arduino 开发板，用手慢慢遮挡光敏传感器的光线，观察 RGB LED 的颜色变化。

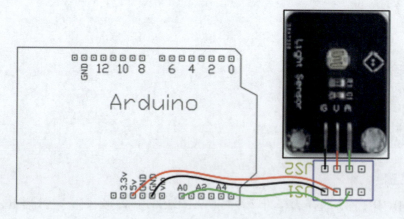

图 10 – 14　程序 10 – 2 RGB LED 连接示意

（2）根据自己的设想修改程序中 R、G、B 的值，再上传程序后体验颜色的变化效果。

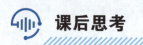 **课后思考**

1. 我们为什么会看到各种各样物体的颜色？

2. 三原色是哪三种颜色？

3. 下面是 4 种颜色的色值，请在括号中填写对应的颜色名称。

（1）255，0，0　　　　　（　　　）

（2）255，255，255　　　（　　　）

（3）228，120，51　　　　（　　　）

（4）0，0，0　　　　　　（　　　）

4. 图 10 – 15 所示的程序中有 1 处错误，把它指出来并改正（motor 为直流电动机引脚变量）。

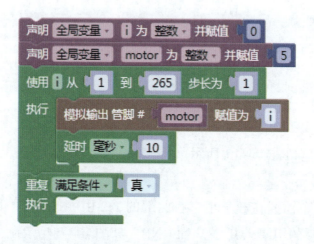

图 10 – 15　第 4 题图

5. 将图 10 – 16 中左边的输入或输出模块与右边的传感器或执行器用有箭头的线段连接起来，箭头表示输入或输出的方向。

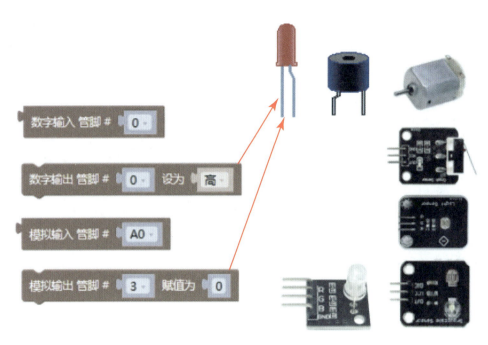

图 10 – 16　第 5 题图

6. 编写程序。

用触碰传感器通过多功能按键控制 RGB LED，单击发出橙色光，双击发出暗灰色光。

第 5 单元
硬件库

- 硬件库的概念
- 舵机库
- 液晶显示器库
- 直流电动机的驱动

第11课

舵机

硬件是指一种可见的物理部件或设备。例如，我们前面使用过的 LED 灯、蜂鸣器等就是一种硬件。下面我们将要学习的舵机、液晶显示器等也是硬件。

为了让计算机驱动硬件工作，需要编写驱动硬件工作的程序。例如点亮一只 LED 灯，需要拖放一个数字输出模块为 LED 灯输出高电平。但是，要驱动一个舵机工作就没有这么简单了，整个驱动程序十分复杂。因此，对于这些驱动程序复杂的硬件，事先将驱动程序制作成一个库，使用起来就很方便了。把驱动某个硬件的库叫作硬件库。

库是函数的集合，一个硬件库是为某个硬件编写的一些函数。

本单元涉及硬件库有舵机库和液晶显示器库。但是，在图形化编程过程中看不出是如何利用这些库的。现阶段只要知道这个概念就行了。

11.1 基本要点

11.1.1 什么是舵机

舵机是一种精确定位角度的执行器。舵机由直流电动机、减速齿轮组、传感器和控制电路组成，如图 11 –1 所示。

图 11 –1 舵机实物

舵机在船舶、航天、机器人等领域有着广泛而重要的应用。

在船舶领域，舵机用来控制船尾的舵叶，进而控制船舶的前进方向。船舶上的舵机一般使用液压动力，力矩大，抗冲击力强。在航天领域，导弹姿态变换的俯仰、偏航、滚转运动都是靠舵机相互配合完成的。在机器人领域，舵机被用于驱动臂、腿等关节的运动。在微机电系统中舵机一般用直流电源驱动。

图 11 – 1 所示的舵机是一款 SG90 玩具舵机，主要用于学习与小型项目制作。它的工作参数及引脚如下。

工作电压：3.5~6 V；

转动范围：0°~180°；

运行速度：300 ms/60°；

信号引脚：一般为黄色线；

VCC 引脚：一般为红色线；

GND 引脚：一般为褐色线。

11.1.2 舵机编程模块

1. 舵机转动的角度

典型的舵机只能转动 180°。每种牌子的舵机的运动范围可能有所不同。有些舵机的运动范围超过 180°，甚至可以转动到相反的方向。

2. 使用"舵机"模块

"舵机"模块在"执行器"分类中的"电机"子类中，如图 11 – 2 所示。

（1）管脚，舵机信号线在 Arduino 开发板上连接的引脚号。Arduino 开发板的 20 个输入与输出引脚都可以用作舵机引脚。

（2）角度，舵机转动的范围。如图 11 – 2 所示，"舵机"模块标识的角度为 0 ~ 180°，因此使用的舵机要符合这个参数要求。同时，在控制舵机转动角度时不要超过 180°，否则会对舵机造成损害。

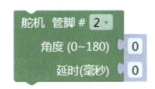

图 11 – 2 "舵机"模块

（3）延时，舵机完成 1 次转动所需要的时间。如 SG90 舵机的运行速度为 300 ms/60°，舵机从 0°位置转到 120°位置需要延时 600 ms，如图 11 – 3 所示。

图 11 – 3 SG90 舵机的运行速度

11.1.3 初始化舵机角度

使用舵机前，要清楚舵机轴的旋转方向和旋转角度的初始位置，否则，在使用舵机时就会出现与违背意愿的结果。

例如，用舵机制作一个机器人的手关节，如果把旋转方向搞反了，在让机器人举手回答问题时，结果机器人把手反到背后去了；如果舵机的角度没有初始化，结果老师还没提问机器人就把手举起来了。

1. 舵机轴的旋转方向

面向舵机轴，SG90玩具舵机逆时针方向旋转角度增大（图11-4），顺时针方向旋转角度减小。

图11-4 逆时针方向旋转

2. 舵机角度初始化

用"初始化"模块将舵机轴初始化为0°位置或其他角度位置。初始化时将舵机臂套在舵机轴上。

例如，将舵机轴分别初始化为0°位置和90°位置，如图11-5所示。

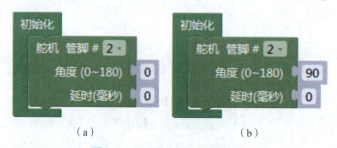

（a）　　　　　　（b）

图11-5 舵机角度初始化

（a）初始化为0°位置；（b）初始化为90°位置

11.2 编写程序

【程序11-1】 让舵机运动；

【程序11-2】 闹钟。

11.2.1 程序 11-1：让舵机运动

让舵机依次从0°位置转到60°、120°和180°位置。

（1）编程思路。

将舵机初始化到0°位置，然后每转动一个角度延时1000 ms，最后让舵机回到0°位置（图11-6）。

图 11-6 编程思路

（2）定义模块。

以180°和0°模块为例：舵机从120°位置运动到180°位置需要300 ms，因此定义"延时"300 ms；再从180°位置回到0°位置则需要900 ms，因此定义"延时"900 ms，保证舵机回到0°位置。

（3）构建程序模块。

程序11-1模块构建示意如图11-7所示。

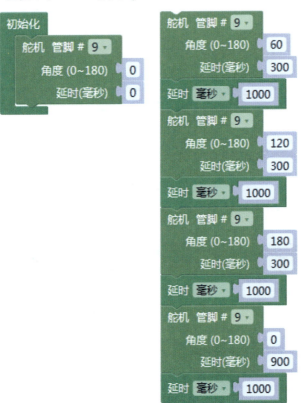

图 11-7 程序 11-1 模块构建示意

（4）保存程序。

11.2.2 闹钟

用舵机作闹钟的闹铃。到了定时的时间后，舵机臂来回摆动模仿闹铃的动作。

（1）编程思路。

①初始化舵机臂的位置。将舵机初始化为90°，让舵机臂处于一种适合摆动的位置。

②设置定时时间。

③判断时间。

④执行闹铃动作。

（2）初始化舵机。

将舵机角度初始化为90°位置。由于舵机执行初始化指令后不会紧接着执行下一次转动指令，所以"延时"时间为0 ms（图11-8）。

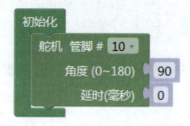

图11-8 初始化舵机

（3）定义变量。

time为闹铃定时变量，定义时长为10000 ms，注意数据类型为"无符号长整数"（图11-9）。

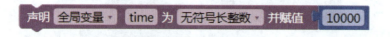

图11-9 定义变量

（4）判断定时时间。

用"如果/执行"模块判断闹铃定时条件是否满足（图11-10）。

图11-10 判断定时时间

（5）执行闹铃动作。

如果定时时间time（10000 ms）大于系统运行时间，则舵机继续等待；如果定时时间time已小于系统运行时间，则舵机执行闹铃指令。

（6）构建程序模块。

程序 11 - 2 模块构建示意如图 11 - 11 所示。

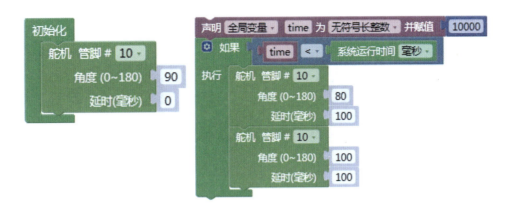

图 11 - 11　程序 11 - 2 模块构建示意

（7）保存程序。

11.3　创意体验

11.3.1　程序 11 - 1 体验

1. 固定与连接舵机

1）固定舵机

将固定舵机的支架用 2 颗螺丝固定在教学小车的头部，3 根引脚线从底部穿过来，如图 11 - 12 所示。

图 11 - 12　舵机固定示意

2）连接舵机

将舵机的信号引脚连接 Arduino 开发板的引脚 9，VCC、GND 引脚依次连接 Arduino 开发板电源引脚 5 V、GND，如图 11 - 13 所示。

2. 上传程序并体验效果

程序上传成功后，将舵机臂初始化到 0°位置，然后从 0°位置依次旋转到 60°、120°、180°位置，最后回到 0°位置，如此循环。

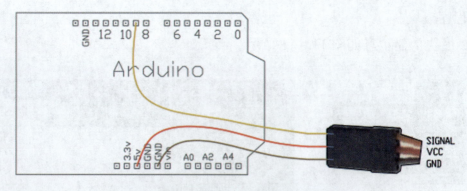

图 11 -13　程序 11 -1 舵机连接示意

11.3.2　程序 11 -2 体验

1. 连接舵机

在图 11 -12 所示的舵机固定的基础上，将舵机的信号引脚连接 Arduino 开发板的引脚 10，GND 引脚连接 Arduino 开发板的 GND 引脚，VCC 引脚线先连接面包板上，再从面包板连接到 Arduino 开发板电源引脚 5 V，如图 11 -14 所示。

2. 连接电源

将教学小车上的电源引脚 VCC 在面包板上与舵机电源引脚 VCC 连接，电源地引脚 GND 连接 Arduino 开发板的 GND 引脚，如图 11 -14 所示。

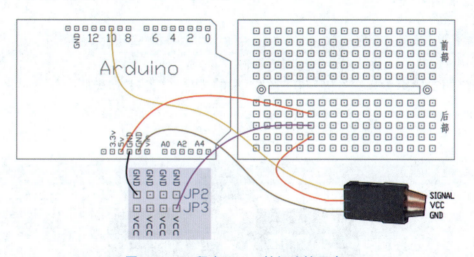

图 11 -14　程序 11 -2 舵机连接示意

3. 上传程序并体验效果

程序上传成功后拔下数据线，利用教学小车电源以便于重复体验。

该程序的执行效果是：①闹钟一旦开始闹铃动作，除非断开电源，否则闹铃动作会无休止地进行下去；②闹钟更像一个定时器，因为它无法进行下一次定时。

图 11 -15 所示的参考程序能够很好地解决上述两个问题，请同学们认真阅读和分析程序，并上机体验。

程序中，startTime 为系统运行时间变量，注意其数据类型为"无符号长整数"。

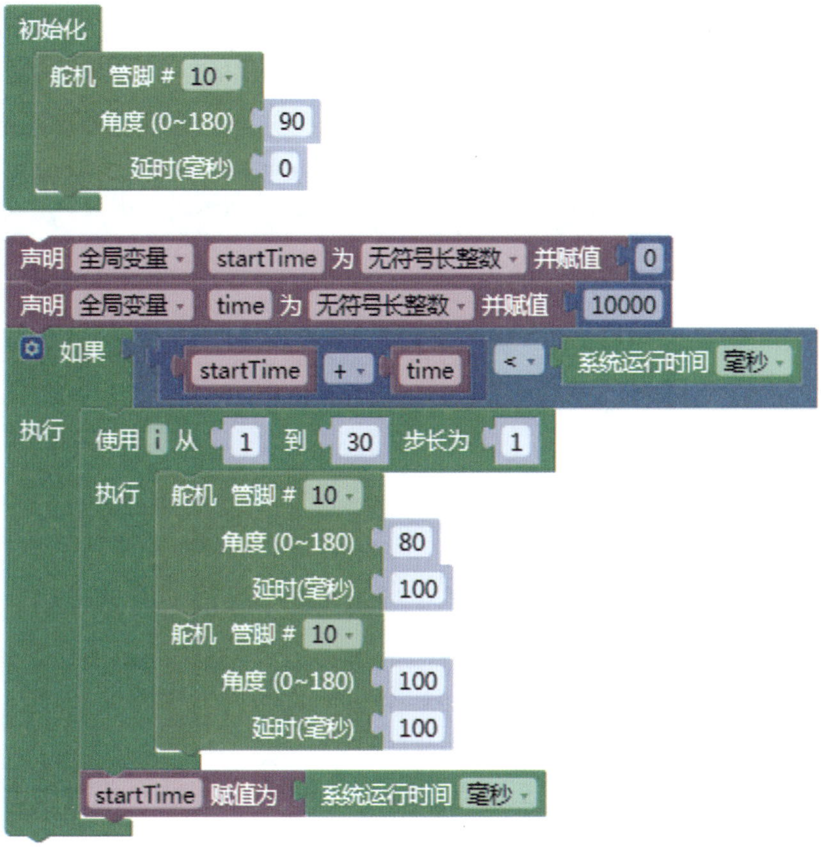

图 11 –15 程序 11 –2 改进示意

课后思考

1. 舵机的运动特征是什么？

2. SG90 玩具舵机的运动范围是多少？

3. SG90 玩具舵机从 45°位置运动到 135°位置需要延时多少毫秒？

4. 舵机的 3 根引脚线（黄色、红色、褐色）分别代表什么？

5. 舵机的信号引脚可以连接 Arduino 开发板的哪些引脚？

6. 编写程序。

初始化舵机到 30°位置，然后使舵机臂从 15°位置到 45°位置来回摆动。

第 *12* 课

舵机的应用

12.1 基本要点

12.1.1 舵机的降速运动

舵机的运动速度是比较低的，例如 SG90 玩具舵机从 0°运动到 180°大约需要 900 ms。但是，在某些场合这个速度又显得太快，比如用舵机作机器人的手或腿的关节时其速度就会显得过快，有时驱动某一物体不需要这么快的速度。

舵机以一个固定的速度运动，不像普通的直流电动机可以调速。要降低舵机的速度就得在程序中进行控制。用"使用/执行"循环模块能很好地实现降速的目的。

示例：一个机器人的手臂从 0°位置向上慢慢伸到 120°位置。

用"使用/执行"循环模块控制舵机的运动。让程序每执行 1 次循环舵机转过 1°角度，并延时 10 ms，这样舵机转过 120°需要 1200 ms，降低为原来速度的 1/2。

降低舵机运动速度示例程序模块构建示意如图 12 - 1 所示。

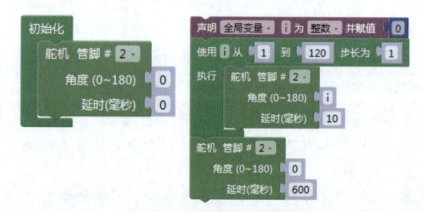

图 12 - 1　降低舵机运动速度示例程序模块构建示意

如果让舵机每次转过 2°，只需要将图 12 - 1 所示示例程序中 i 的步长设置为 2；如果让舵机运动得快一点或慢一点，只需要调整延时设置。程序底部的"舵机"模块是让舵机臂回到 0°位置。

12.1.2 映射

前面输出某一物体的灰度等级时，将灰度传感器获取的灰度信息 0～1023 通过换算的办法得到 0~255 的灰度值。这种直接的换算方法有助于加深理解 Arduino 开发板的输入与输出，但是这种方法也很麻烦。

map()函数可以替代这种方法，即数值的映射。它可以方便地将一个范围内的数值映射成另一个范围内的数值。

（1）"映射"模块在"数学"分类中，如图 12-2 所示。

图 12-2 "映射"模块

模块中"value"为被映射的数值变量，"从[ ]"为被映射数值的范围，最小值为 0，最大值为 1023；"到[ ]"为映射数值范围，最小值为 0，最大值为 255。

（2）通过"映射"模块得到的映射值要放在一个变量中。这个变量可以与被映射的变量同名，也可以另外命名一个变量。例如对于图 12-2，可以另外命名一个变量 val 来存储映射值，如图 12-3 所示。

图 12-3 将映射值存储在变量 val 中

（3）被映射值要根据模拟输入的精度确定，如 0~1023；映射值可以根据 Arduino 开发板的模拟输出精度确定，如 0~255，也可以根据自己的需要确定，如图 12-4 所示。

图 12-4 映射数值范围示意

12.2 编写程序

【程序 12-1】 让舵机慢慢运动；

【程序 12-2】 遮阳罩。

12.2.1 程序 12-1：让舵机慢慢运动

舵机从 30°位置运动到 150°位置，每转过 2°延时 30 ms，然后让它按固定速度回到 30°位置。

（1）编程思路。

初始化舵机，用"使用/执行"循环模块控制舵机从 30°位置~150°位置的运动速度。

（2）定义变量。

i 为循环变量，用于控制舵机运动的角度与速度（图 12-5）。

图 12-5 定义变量

（3）构建程序模块。

程序 12 - 1 模块构建示意如图 12 - 6 所示。

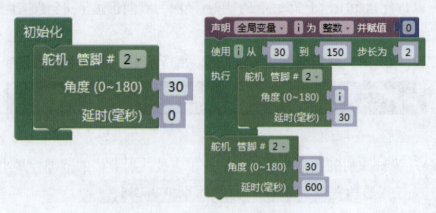

图 12 - 6　程序 12 - 1 模块构建示意

（4）保存程序。

12.2.2　程序 12 - 2：遮阳罩

制作一个自动遮阳罩，使它随着太阳光线的强弱开启或关闭。

（1）编程思路。

①用光敏传感器模拟太阳光线的强弱，用舵机驱动遮阳罩。让舵机的转动角度随着光敏传感器信号的变化而变化。

②将舵机初始化为 30° 位置，最大位置角度定义为 150°，实际转动角度为 120°。

③利用"映射"模块将光敏传感器的信号值 0 ~ 1023 映射到 30 ~ 150。实际上遮阳罩的最大转角应为 90°，但光敏传感器的最大感应信号在室内基本上达不到最大值 1023，即映射值也达不到 150，大约为 120。

（2）定义变量。

light 为光敏传感器变量（图 12 - 7）。

图 12 - 7　定义变量（1）

angle 为舵机转动角度变量（图 12 - 8）。

图 12 - 8　定义变量（2）

光敏传感器及舵机引脚号直接在输入与输出模块中定义。

（3）程序模块构建（一）。

程序 12 - 2 模块构建（一）示意如图 12 - 9 所示。

图 12 - 9　程序 12 - 2 模块构建（一）示意

（4）程序模块构建（二）。

程序模块构建（一）简洁明了，也完全实现了创意的要求，但它不是一个很实用的程序设计，同学们可以先只用一个单独带臂的舵机配合光敏传感器体验一下。

①根据实际体验可以发现，程序刚上传成功时光敏传感器感应到的信号很强，舵机臂会一下子从 30°位置转到 120°左右位置。如果这时舵机臂以这种速度驱动遮阳罩就会很容易出现故障，这在实际应用中也是不允许的。

那么，有必要对程序模块构建（一）进行改进。改进程序有点复杂，但只要弄清楚了程序模块构建的思路与方法，就会发现这只是对基本思路与方法的修饰。

②改进程序模块构建（一）的基本思路。对遮阳罩第一次开启的过程进行单独控制，之后的过程由光敏传感器自由控制。改进过程如下。

重新定义一个变量 first，初始化为 1（图 12 - 10）。

图 12 - 10　重新定义变量

用"如果/否则"条件选择模块判断遮阳罩是否第一次开启，如果是，则用"使用/执行"循环模块控制遮阳罩以每转过 1°延时 100 ms 的速度慢慢开启，否则自由开启。

第一次开启过程完成后 first 变量清零，即除非程序重启，否则程序不再执行这一过程，如图 12 - 11 所示。

将变量 first 及图 12 - 11 所示的程序段与程序模块构建（一）结合到一起，就是所需要的实用性程序。

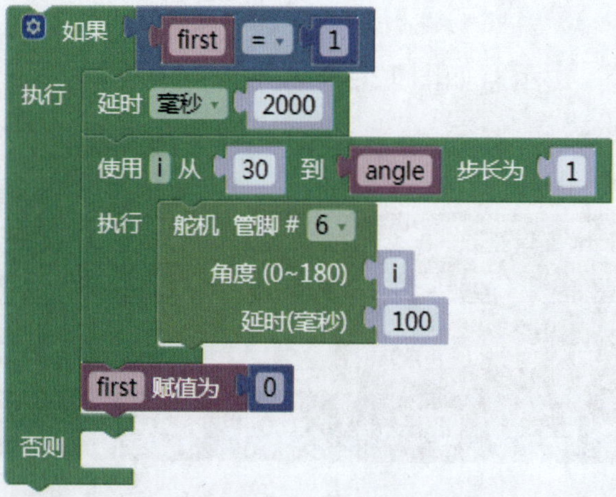

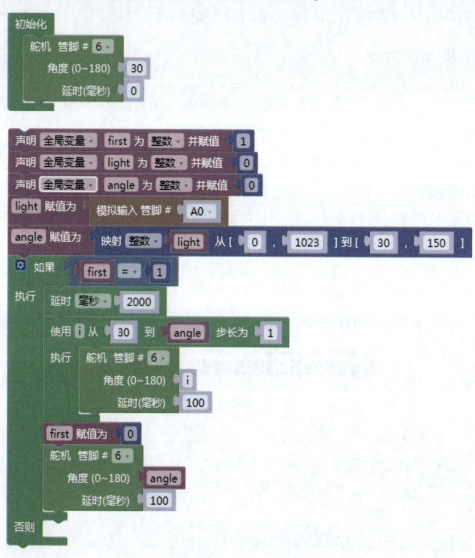

图 12 –11 改进的程序段

（5）程序 12 –2 模块构建（二）示意如图 12 – 12 所示。

图 12 –12　程序 12 –2 模块构建（二）示意

（6）保存程序。

12.3 创意体验

12.3.1 程序 12 - 1 体验

1. 固定与连接舵机

1）固定舵机

用两颗螺丝将舵机支架固定在 1 × 4 梁上，适当拧紧螺帽，如图 12 - 13（a）所示。然后用 2 × 2 板将 2 根 1 × 4 梁固定在一起，如图 12 - 13（b）所示。

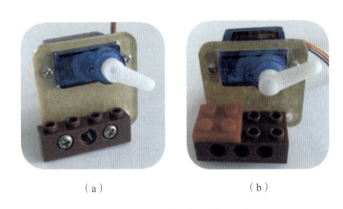

（a）　　　　　　　（b）

图 12 - 13　舵机固定示意

2）将舵机连接到 Arduino 开发板

将舵机的信号引脚、电源引脚 VCC、GND 依次连接到 Arduino 开发板的引脚 2、5 V、GND，如图 12 - 14 所示。

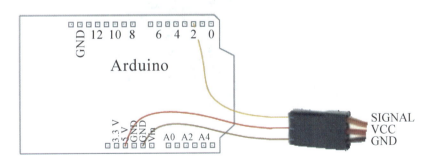

图 12 - 14　程序 12 - 1 舵机连接示意

2. 初始化舵机

先将程序 12 - 1（图 12 - 6）中右边部分的程序删除，用"初始化"模块对舵机进行初始化。初始化后舵机臂可能处于图 12 - 13（a）所示的位置，也可能处于图 12 - 13（b）所示的位置或其他位置。

但是，如果希望舵机臂的初始位置为垂直向下的位置，那么可以把舵机臂取下后重新安，如图 12 - 15 所示。

图 12 - 15　重新安装机臂

注意，由于舵机臂与舵机轴是通过齿槽咬合的，所以舵机臂可能不会处于理论上的垂直状态，这时不要强行扭转舵机臂。

说明：固定和初始化后的舵机在程序 12 - 2 中会继续使用，不要拆除或改动。

3. 上传程序并体验效果

通过 Mixly 菜单栏中的"撤销"功能将已删除的程序找回，并上传到 Arduino 开发板。

（1）舵机臂会从初始 30°位置缓慢地转动到 150°位置，然后快速回到初始位置。

（2）在舵机臂转动到 150°位置附近时拔掉数据线，让舵机臂停在那里，再上传程序，观察舵机臂的运动情况。

12.3.2　程序 12 - 2 体验

1. 固定光敏传感器

用 2 颗螺丝将光敏传感器固定在教学小车前端的 2 个圆孔上，每颗螺丝用 1 个螺帽作垫片，如图 12 - 16 所示。

图 12 - 16　固定光敏传感器示意

2. 制作遮阳罩并固定舵机

用积木在教学小车头部搭建一个遮阳罩。将舵机固定在"窗户"一侧的顶部。

所需器材如下。

（1）教学小车。

（2）舵机 1 个、舵机臂 1 个、舵机支架 1 个。

（3）积木：

①1×2 板 2 块、1×4 板 3 块、1×8 板 1 块 2×4 板 5 块、2×12 板 3 块、6×14 板 1 块；

②1×2 十字孔梁 2 根、1×4 梁 14 根；

③双接口 7 个、T 形连接件 6 个、2×4L 形厚连杆 2 个、销子 4 个。

遮阳罩搭建与舵机固定示意如图 12 – 17 所示。

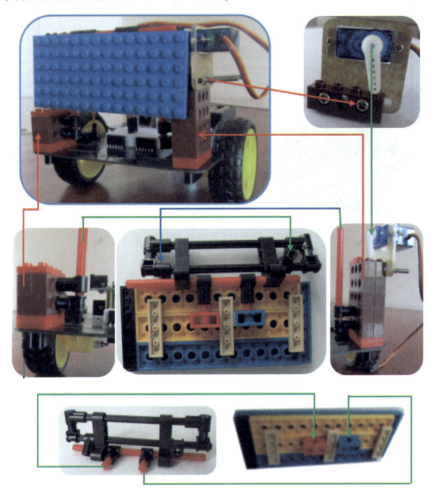

图 12 – 17　遮阳罩搭建与舵机固定示意

同学们可以根据自己的创意和喜好搭建一个遮阳罩，不一定搭建在教学小车上，只要能实现程序的设计思想即可。

3. 连接元器件与电源

1）连接光敏传感器

将光敏传感器的信号引脚 S、接地引脚 G 依次连接 Arduino 开发板的引脚 A0、GND，电源引脚 V 先连接到面包板上。

2）连接舵机引脚

将舵机黄色信号引脚、褐色接地引脚依次连接 Arduino 开发板的引脚 6、GND，红色电源引脚线在面包板上与光敏传感器电源引脚连接。

3）连接教学小车电源

将教学小车上的电源引脚 VCC、GND 依次对应连接到 Arduino 开发板的 5 V、GND 引脚，如图 12 – 18 所示。

注：为了便于操作，可将各电路连接好后再组装遮阳罩。

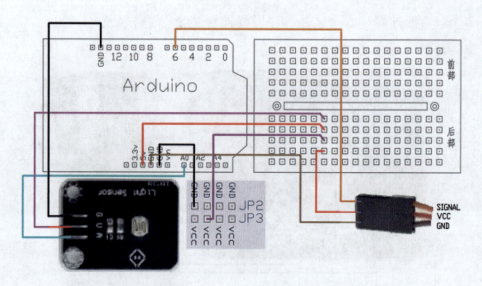

图 12 - 18　程序 12 - 2 元器件连接示意

4. 上传程序并体验效果

程序上传成功后，遮阳罩会慢慢打开，然后用手逐渐遮挡光敏传感器，遮阳罩会慢慢关闭，再逐渐增强光敏传感器的光线，遮阳罩又会慢慢打开。

注意，遮挡光敏传感器的手不要突然拿开，以避免遮阳罩快速打开。

课后思考

1. 为什么有时候要降低舵机的运动速度？

2. 一般用什么办法降低舵机的运动速度？

3. 舵机运动的初始化有什么实际意义？

4. 映射的含义是什么？

5. 下面的"映射"模块定义错误的是（　　　　）。

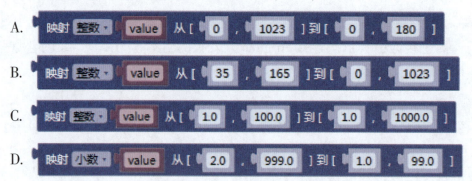

第13课

液晶显示器

13.1 基本要点

13.1.1 认识 LCD1602 液晶显示器

LCD1602 液晶显示器是广泛使用的一种字符型液晶显示模块。它是由字符型液晶显示屏，控制驱动主电路 HD44780 及其扩展驱动电路 HD44100，以及少量电阻、电容元件和结构件等装配在 PCB 板（即印刷电路板）上组成的，如图 13 – 1 所示。

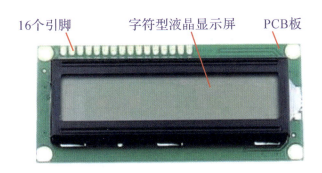

16个引脚　　　字符型液晶显示屏　　　PCB板

图 13 – 1　LCD1602 液晶显示器实物

LCD1602 液晶显示器引脚及说明如图 13 – 2 所示。LCD1602 液晶显示器共有 16 个引脚，具体如下。

（1）3 个接地引脚 VSS、RW、K，连接 Arduino 开发板的电源地。

（2）2 个电源正极引脚 VDD、A 连接 +5 V 直流电源，其中引脚 A 接一个 220 Ω 的电阻。

（3）数据命令选择引脚 RS，告诉 LCD1602 液晶显示器如何显示数据或执行一个命令。

（4）使能信号引脚 E，让 LCD1602 液晶显示器知道数据已经准备好。

（5）8 个数据引脚 D0 ~ D7，只使用其中的 4 个，即 D4 ~ D7。

（6）对比度调节引脚 V0，可以连接电位器输出端来调节字符型液晶显示屏的对比度，也可以直接连接一个 220 Ω 的电阻后接地。

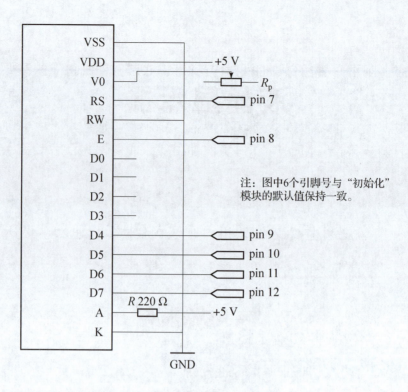

注：图中6个引脚号与"初始化"模块的默认值保持一致。

编号	符号	引脚说明
1	VSS	电源地
2	VDD	电源电正极
3	V0	调节对比度
4	RS	数据命令选择
5	RW	读/写选择
6	E	使能信号
7	D0	Data I/O
8	D1	Data I/O
9	D2	Data I/O
10	D3	Data I/O
11	D4	Data I/O
12	D5	Data I/O
13	D6	Data I/O
14	D7	Data I/O
15	A	背光源正极
16	K	背光源负极

图 13-2 LCD1602 液晶显示器引脚及说明

13.1.2 LCD1602 液晶显示器模块

LCD1602 液晶显示器模块在"显示器"分类的"LCD 液晶屏"子类中。"1602"表示字符型液晶显示屏每行可以显示 16 个字符，共可显示 2 行。

（1）"初始化"模块。

使用 LCD1602 液晶显示器之前要对它进行初始化，如图 13-3 所示。

图 13-3 "初始化"模块

①选择显示器型号。在"初始化"模块的第一个选项框中选择默认值"1602"。

②创建实例。在"初始化"模块的第二个输入框中创建一个显示器实例，即为显示器命名。命名时可以使用默认名称（如 mylcd），也可以自己另取一个名称（如 lcd_1602）。

③定义引脚。在"初始化"模块中分别对引脚 RS、EN（即 LCD1026 液晶显示器上的引脚 E）、D4、D5、D6、D7 进行定义，可以直接采用默认引脚号 7、8、9、10、11、12。

如果使用液晶显示器转接板，则使用图 13-4 所示的"初始化"模块。

图 13-4 "初始化"模块（使用液晶显示器转接板时）

（2）数据显示模块。

数据显示模块中行的序号为 1~2，列的序号为 1~16（图 13-5）。

图 13-5 数据显示模块

说明：数学中行与列的表示如图 13-6 所示。

	第 1 列	第 2 列	第 3 列										第 15 列	第 16 列
第1行	□	□	□	□	□	□	□	□	□	□	□	□	□	□
第2行	□	□	□	□	□	□	□	□	□	□	□	□	□	□

图 13-6 行、列示意

（3）"清屏"模块如图 13-7 所示。

图 13-7 "清屏"模块

13.2 编写程序

【程序 13-1】 把数据显示出来；

【程序 13-2】 你好，机器人。

13.2.1　程序 13−1：把数据显示出来

在 LCD1602 液晶显示器第 1 行第 5~11 列显示"1234567"，第 2 行第 1~5 列显示"12.30"。

（1）数据显示位置如图 13−8 所示。

图 13−8　数据显示位置

（2）构建程序模块

①"显示"模块默认显示字符串数据，显示实数时要删除字符串模块，换为"数字"模块。

②用"延时"模块控制每次显示的时间。

③用"清屏"模块清除上一次的显示。

程序 13−1 模块构建示意如图 13−9 所示。

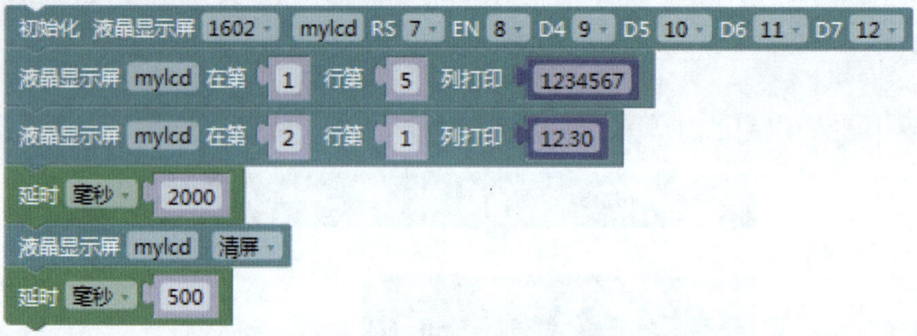

初始化 液晶显示屏 1602 · mylcd RS 7 · EN 8 · D4 9 · D5 10 · D6 11 · D7 12 ·
液晶显示屏 mylcd 在第 1 行第 5 列打印 1234567
液晶显示屏 mylcd 在第 2 行第 1 列打印 12.30
延时 毫秒 · 2000
液晶显示屏 mylcd 清屏 ·
延时 毫秒 · 500

图 13−9　程序 13−1 模块构建示意

（3）保存程序。

13.2.2　程序 13−2：你好，机器人

字符型显示屏从右至左移动显示，第 1 行显示"Hello robot"，第 2 行显示"I like you"（LCD1602 液晶显示器中没有中文字符）。

（1）编程思路。

从程序 13−1 可以看出，LCD1602 液晶显示器在同一行中可以从任一列显示字符。因此，移动显示可以从最右端第 16 列开始逐渐向左显示，直到第 1 列。

①用"使用/执行"循环模块控制字符列的位置，从 16 循环到 1。

②每显示 1 个字符延时 500 ms。

③显示 2 行字符后清除屏幕。

（2）定义变量。

i 为循环变量，用于控制字符显示（图 13−10）。

声明 全局变量 · i 为 整数 · 并赋值 0

图 13−10　定义变量

（3）初始化 LCD1602 液晶显示器。

初始时使用"初始化"模块的默认引脚。

（4）构建循环控制模块。

因为列的编号顺序是从左至右，而字符移动的方向是从右至左，所以 i 从 16 循环到 1，即每循环一次减 1（步长为"－1"）。

"液晶显示屏"模块中的列为变量 i，即每循环一次字符向左移 1 列，然后延时 500 ms（图 13 － 11）。

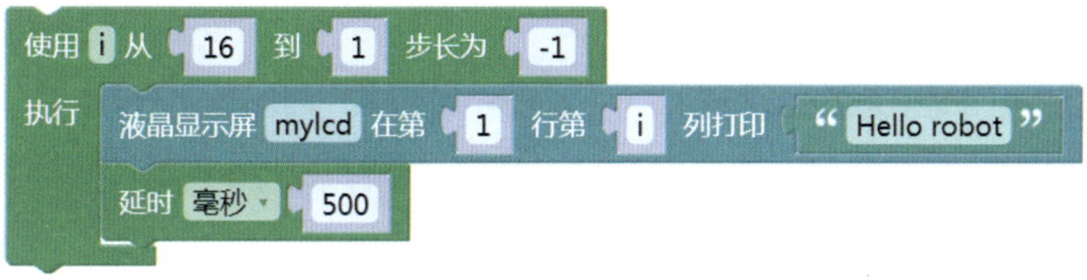

图 13 － 11　构建循环控制模块

第 2 行字符显示方法与第 1 行字符完全相同，只是将第"1"行改为第"2"行，输入第 2 行要显示的字符即可。

（5）构建程序模块。

程序 13 － 2 模块构建示意如图 13 － 12 所示。

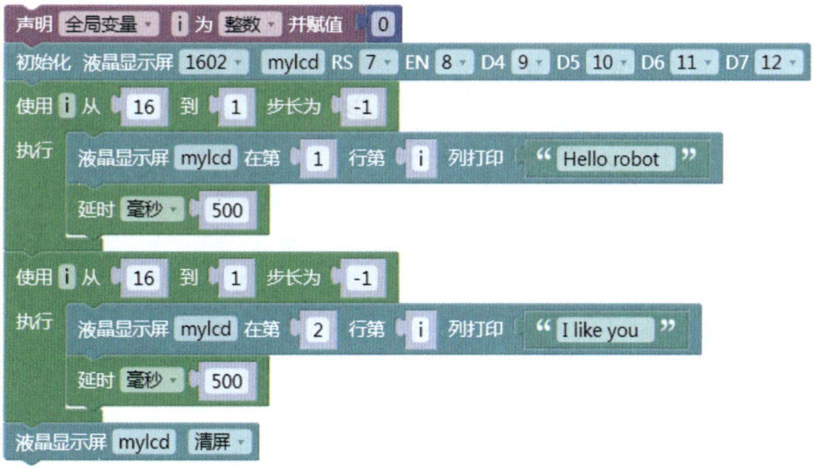

图 13 － 12　程序 13 － 2 模块构建示意

（6）保存程序。

13.3　创意体验

13.3.1　程序 13 － 1 体验

1. 连接元器件

1）连接 LCD1602 液晶显示器

将 LCD1602 液晶显示器按图 13 － 13 所示的位置插在面包板前部边缘。最好两个同学合作，一个同学按住教学小车尾部，另一个同学双手适当平衡用力把 LCD1602 液晶显示器插入面包板。

（1）信号、数据引脚连接。将 LCD1602 液晶显示器的引脚 RS、E、D4、D5、D6、D7 依次连接 Arduino 开发板的引脚 7、8、9、10、11、12。

（2）电源正极连接。将 LCD1602 液晶显示器的引脚 VDD 连接 Arduino 开发板的引脚 GND，再从引脚 VDD 连接 LCD1602 液晶显示器的引脚 A。

（3）电源地连接：将 LCD1602 液晶显示器的引脚 VSS、RW、K 依次连接 Arduino 开发板的 3 个 GND 引脚，其中 LCD1602 液晶显示器的引脚 A 连接一个 220 Ω 电阻。

2）连接电位器

将电位器插在教学小车的 JS2 引脚接口上，输出端引脚连接 LCD1602 液晶显示器对比度调节引脚 V0，一端引脚在面包板上连接 LCD1602 液晶显示器的引脚 VDD，另一端引脚在面包板上连接 LCD1602 液晶显示器的引脚 VSS。

程序 3-1 元器件连接示意如图 13-13 所示。

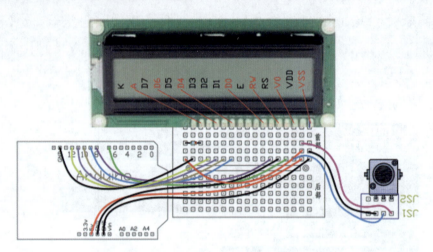

图 13-13　程序 13-1 元器件连接示意

2. 上传程序并体验效果

（1）上传程序 13-1。

（2）程序上传成功后，通过电位器旋钮慢慢调节字符型显示屏的对比度，对比度效果满意即可。

（3）体验显示效果。

13.3.2　程序 13-2 体验

1. 连接元器件

元器件连接与程序 13-1 完全相同，如图 13-13 所示。

2. 上传程序并体验效果

（1）程序上传成功后，字符从右边向左边移动，第 1 个字符移动到第 1 列位置时会停下来（图 13-14）。

图 13 – 14　字符显示效果

（2）同学们可以自己输入英文单词或汉语拼音进行显示效果体验，还可以试着使字符从左边向右边移动显示。

课后思考

1. LCD1602 液晶显示器共可以显示几行字符？每行可以显示多少个字符？

2. LCD1602 液晶显示器共有多少个引脚？引脚 D0 ~ D7 是什么引脚？引脚 VDD、VSS 分别是什么引脚？

3. 画出图 13 – 15 中电位器 R_p 的两个引脚在电路图中的连接方式。

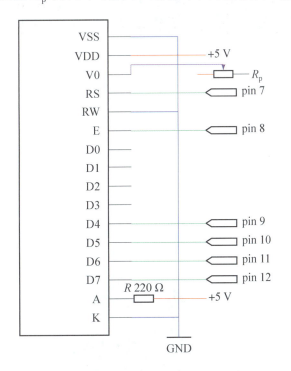

图 13 – 15　第 3 题图

第 **14** 课

液晶显示器的应用

14.1　基本要点

14.1.1　液晶显示器的应用范围

　　液晶显示器主要用于显示数字、字母、图形和一些自定义字符。它由于显示控制简单、性价比高，所以被广泛用于电子仪表、冰箱、空调（图 14 - 1）、汽车电子仪表和其他设备。

图 14 - 1　空调液晶显示器

14.1.2　人机交互

　　人机交互是指人与机器人的交互行为，即人与机器人进行联系和人参与机器人控制。用于人和机器人交互的装置叫作机器人的人机交互系统。

　　机器人通过信息显示装置反馈给人相关的信息；人通过指令给定装置控制机器人的某些行为。

　　例如小型遥控无人机的遥控装置就是一个人机交互平台。无人机通过显示装置显示自己的方位，操作人员则通过遥控装置上的指令装置控制无人机的飞行，如图 14 - 2 所示。

图 14 - 2　无人机的摇控装置

从上面的例子可以看出，人机交互的作用是十分重要的。如果没有人机交互装置，人就变成了"瞎子"，无人机就变成了脱缰的"野马"。

当然，很多用于显示的液晶显示器并不都是 LCD1602 型号，但是 LCD1602 液晶显示器对于认识和了解液晶显示器的意义与作用是很有帮助的。

14.1.3　显示实时数据

上一课中液晶显示器显示的数据是事先输入的一些确定的数据。但是，液晶显示器的主要作用不是显示预先确定的数据，而是显示实时数据。

比如用随机数生成器生成 1~100 的随机数，把这些随机数显示出来就是实时数据显示。

14.2　编写程序

【程序 14-1】　把随机数显示出来；

【程序 14-2】　别让 LED 灯烧坏了。

14.2.1　程序 13-1：把随机数显示出来

用 LCD1602 液晶显示器显示 1~100 的随机数。

（1）编程思路。

用随机数生成器生成 1~100 的随机数，用 LCD1602 液晶显示器显示每次生成的随机数。

（2）定义变量。

n 为随机数变量，用于存储每次生成的随机数（图 14-3）。

图 14-3　定义变量

（3）分别初始化随机数与液晶显示器。

（4）构建程序模块。

初始化后将随机数存入变量 n，然后显示出来，延时 2000 ms 后清屏。

程序 14-1 模块构建示意如图 14-4 所示。

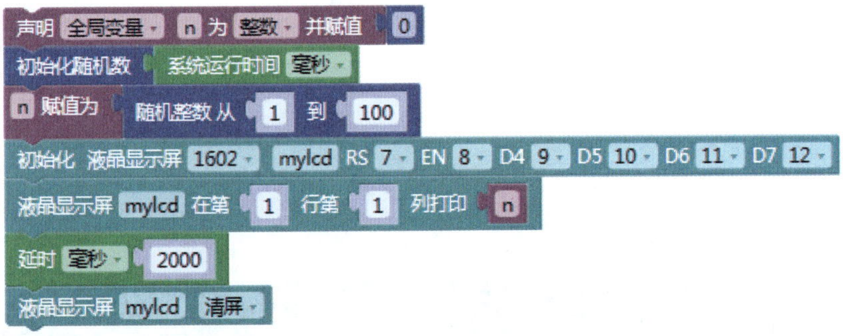

图 14-4　程序 14-1 模块构建示意

（5）保存程序。

14.2.2 程序14-2：别让LED灯烧坏了

用随机数控制LED灯的亮度，用LCD1602液晶显示器显示映射后的随机数的值（映射值）。当映射值≤150时直接将这个值输出给LED灯；当映射值>150时，显示屏询问是否关闭LED灯（OFF?）。按下触碰传感器后关闭LED灯。

（1）编程思路。

①当映射值≤150时，以映射值为模拟量从模拟输出引脚点亮LED灯。显示屏第1行显示"n_led <=150"，第2行显示"n_led"，其中n_led为映射变量。

②当映射值>150时，显示屏第1行显示"n_led>150"，第2行显示"OFF?"。

③用一个无限循环结构等待指令输入。如果这时按下触碰传感器，则关闭LED灯，如果没有按下触碰传感器，则程序在这里一直等待并提示"OFF"。

④在无限循环体内读触碰传感器信号。如果按下触碰传感器，则关闭LED灯，显示屏显示"OFF"并跳出循环。

（2）定义变量与引脚。

①定义变量。

n为随机数变量，范围为0~1023（图14-5）。

图14-5 定义变量（1）

n_led为随机数映射变量，范围为0~255（图14-6）。

图14-6 定义变量（2）

butt为触碰传感器信号变量（图14-7）。

图14-7 定义变量（3）

②定义引脚。

LED灯长引脚连接模拟输出引脚3，触碰传感器信号引脚连接数字引脚2，LCD1602液晶显示器引脚为默认值。

（3）初始化LCD1602液晶显示器。

（4）初始化随机数。

将0~1023的随机数映射到0~255的值（图14-8）。

图14-8 初始化随机数

（5）判断映射值 n_led 大于等于还是小于150。

①当 n_led ≤ 150 时，点亮 LED 灯并显示数据（图 14 – 9）。

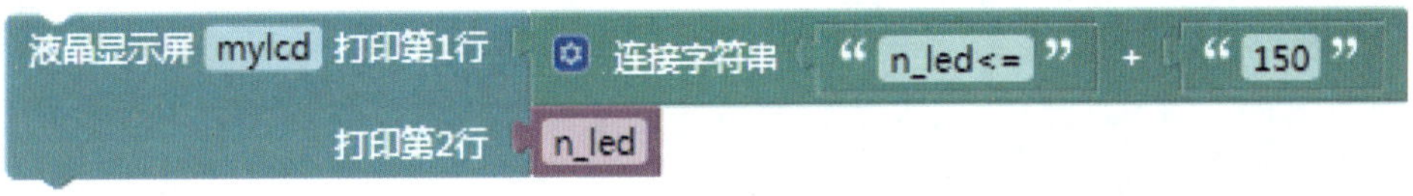

图 14 – 9　点亮 LED 灯

②当 n_led > 150 时，在无限循环体内清屏后显示新的数据与字符。注意，如果不清屏下次显示时会产生混乱，上一次的某些字符会在下一次继续显示（图 14 – 10）。

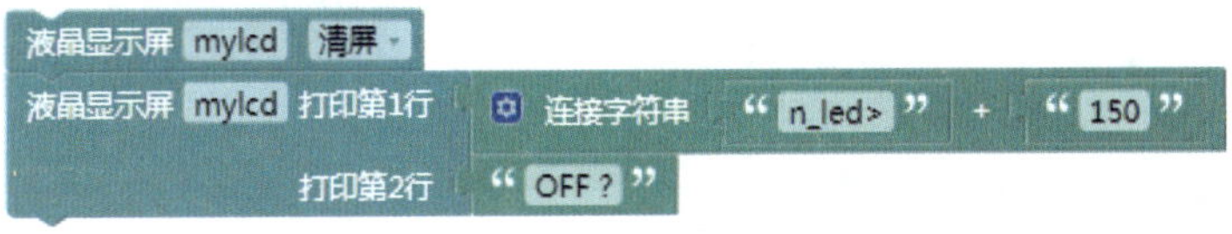

图 14 – 10　清屏后显示新的数据与字符

③在循环体内用"数字输入"模块读触碰传感器引脚信号（图 14 – 11）。

图 14 – 11　读触碰传感器引脚信号

④在循环体内用"如果/执行"模块判断触碰传感器是否被按下，即 butt = 0?，如果 butt = 0，则清屏后显示"OFF"，关闭 LED 灯并跳出循环。

（6）构建程序模块。

程序 14 – 2 模块构建示意如图 14 – 12 所示。

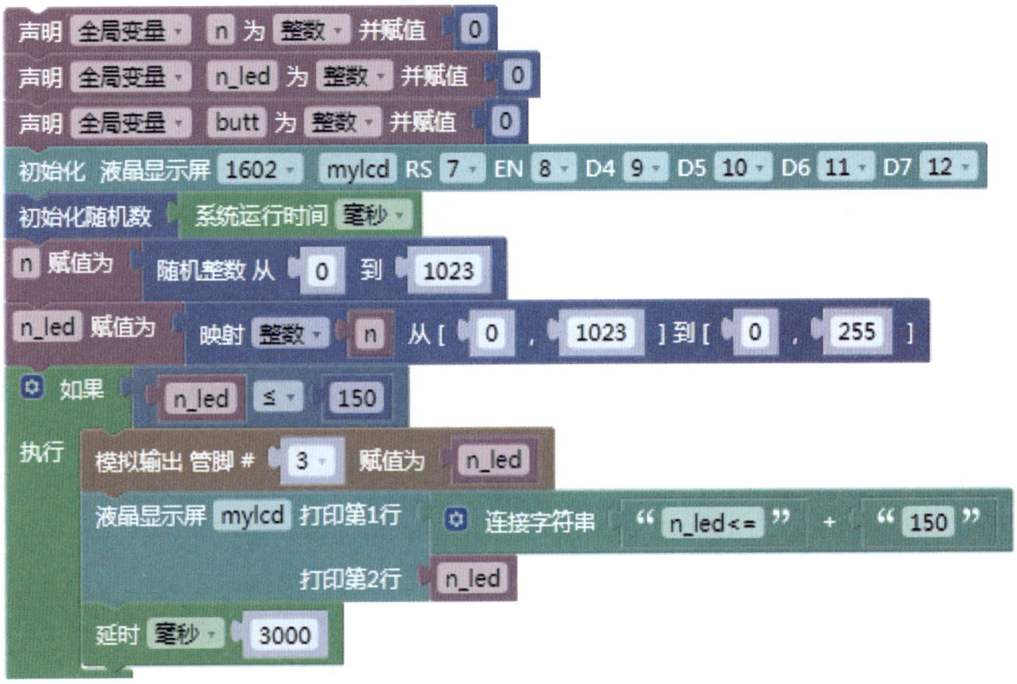

图 14 – 12　程序 14 – 2 模块构建示意

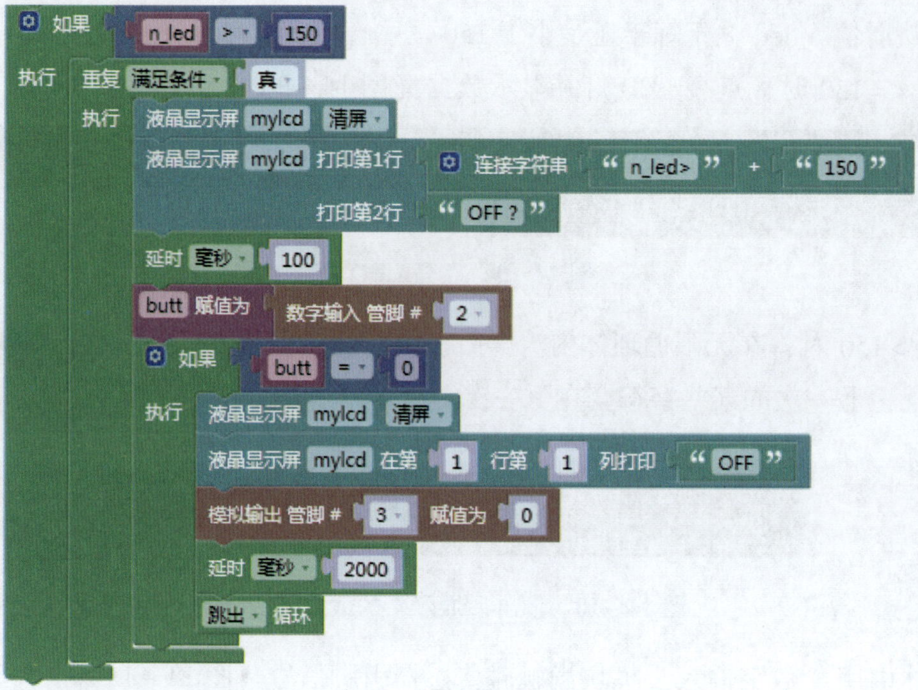

图 14 –12　程序 14 –2 模块构建示意（续）

（7）保存程序。

14.3　创意体验

14.3.1　程序 14 –1 体验

1. 连接 LCD1602 液晶显示器

LCD1602 液晶显示器连接见第 13 课图 13 – 13。

2. 上传程序并体验效果

上传程序 14 –1。程序上传成功后，显示屏在第 2000 ms 显示 1 个随机数。

14.3.2　程序 14 –2 体验

1. 连接元器件

（1）LCD1602 液晶显示器引脚连接与第 13 课图 13 –13 相同。

（2）连接 LED 灯。将 LED 灯插在面包板后部左边缘处，长引脚连接 Arduino 开发板的引脚 3，短引脚在面包板前部与 LCD1602 液晶显示器的引脚 VSS 连接。

（3）固定与连接触碰传感器

①固定触碰传感器。用螺丝将触碰传感器固定在教学小车左前方的第一个圆孔上，触碰传感器与教学小车底板之间用一个螺帽作垫片，如图 14 –13 所示。

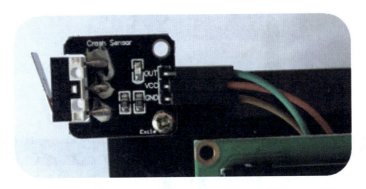

图 14 - 13　触碰传感器固定示意

②连接触碰传感器。将触碰传感器的信号引脚 OUT 连接 Arduino 开发板的引脚 2，电源引脚 VCC 在面包板上与 LCD1602 液晶显示器的引脚 A 连接，接地引脚 GND 在面包板上与 LCD1602 液晶显示器的引脚 K 连接。

由于电路较多，连接后一定要仔细检查。

程序 14 - 2 元器件连接示意如图 14 - 14 所示。

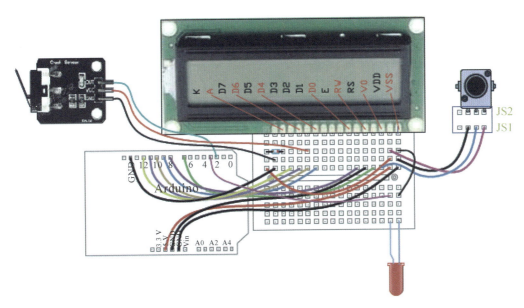

图 14 - 14　程序 14 - 2 元器件连接示意

2. 上传程序并体验效果

将教学小车头部面向自己，然后插上数据线上传程序。

程序开始执行后，如果 n_led <= 150，则 LED 灯亮起，显示屏第 1 行显示"n_led <= 150"，第 2 行显示实时数据，如图 14 - 15（a）所示。

如果 n_led > 150，显示屏第 1 行显示"n_led > 150"，第 2 行提示"OFF?"，如图 14 - 15（b）所示。

如果这时按下触碰传感器，表示关闭 LED 灯，避免电压过高损坏 LED 灯。关闭 LED 灯后显示屏第 1 行显示"OFF"，如图 14 - 15（c）所示。

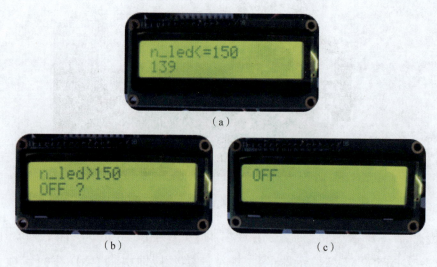

（a）

（b）   （c）

图 14 –15 程序 14 –2 人机交互功能示意

体验过后，同学们可以根据自己的喜好用汉语拼音或英文单词自行设置屏幕显示格式及内容。

 **课后思考**

1. LCD1602 液晶显示器一般有哪些用途？

2. 人机交互的含义是什么？

3. 编写程序。

用 LCD1602 液晶显示器显示一个光敏传感器的实时数据，并上机验证。

第 15 课

直流电动机驱动

15.1 基本要点

15.1.1 电动机驱动与编程模块

1. 电动机驱动

如果将直流电动机的两根电源线 VCC、GND 接入相应的外部电源，直流电动机就能转动起来，但是它既不能改变方向，也不能改变速度。这种简单的驱动方式无法使移动机器人完成复杂的工作任务。

例如，一个移动机器人在行进的时候，如果遇到障碍物则需要转弯绕过障碍物，在搬运物体且快要接触物体时需要行进得慢一点。这些都需要对驱动机器人的电动机进行控制。

为了使电动机既能改变速度，又能改变运动方向，需要使用专门的驱动设备，如 L293、L298、DRV8833 等驱动器。本学习课程中使用的是 L293 驱动器，如图 15 – 1 所示。

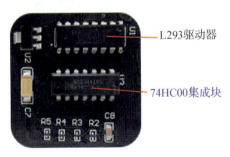

图 15 – 1　L293 驱动器

用 L293 驱动器驱动直流电动机需要使用 Arduino 开发板上的 3 个输入/输出引脚，我们在学习代码编程时直接使用该驱动器。

现在，使用配有 74HC00 集成块的 L293 驱动器，如图 15 – 1 所示。这时，驱动直流电机只需要使用 Arduino UNO 开发板上 2 个 I/O 引脚就行了。

2. L293 电动机编程模块

L293 电动机编程模块在"执行器"分类中的"电机"子类中，如图 15 – 2 所示。

图 15 – 2　"L293/L298/DRV8833 电机"模块

15.1.2 电动机旋转方向

1. 电动机旋转方向规定

根据国家规定，电动机出厂校定的旋转方向为顺时针方向，即面向电机轴看过去为顺时针旋转，如图 15 – 3 所示。

图 15 – 3 电动机顺时针旋转

2. 教学小车车轮的方向

教学小车车轮是用直流电动机驱动的，如图 15 – 4 所示。图示箭头的方向为教学小车前进的方向。

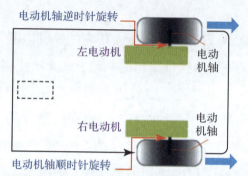

图 15 – 4 教学小车电动机与车轮转动方向示意

现在需要根据教学小车前进的方向确定教学小车左、右电动机旋转的方向。如果右电动机顺时针旋转的方向为教学小车前进的方向，那么左电动机就应当逆时针旋转。这样才能保证教学小车的两个车轮都向前行进。

15.1.3 电动机控制

1. 电动机驱动引脚

电动机驱动是通过 L293 驱动器实现的。在 L293 + 74HC00 的驱动方式下，每个电动机通过 2 个驱动引脚就可以实现对电动机的方向与速度进行控制，如图 15 – 5 所示。

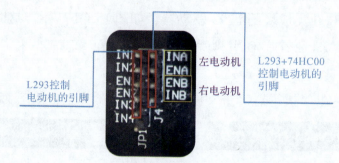

图 15 – 5 电动机驱动引脚示意

图 15 – 5 所示为教学小车上的两种电动机驱动引脚，位于教学小车左前部。

现在了解 L293 + 74HC00 驱动模式下的引脚功能。

左电动机引脚及功能如下。

INA：左电动机方向引脚，引脚类型为数字引脚，控制左电动机的方向。

ENA：左电动机速度引脚，引脚类型为模拟输出引脚，控制左电动机的速度。

右电动机引脚及功能如下。

INB：右电动机方向引脚，引脚类型为数字引脚，控制右电动机的方向。

ENB：右电动机速度引脚，引脚类型为模拟输出引脚，控制右电动机的速度。

2. L293 电动机编程模块定义

电动机控制通过"L293 电机"模块为 L293 驱动器写入程序指令实现。"L293 电机"模块的引脚与速度定义如图 15 – 6 所示。

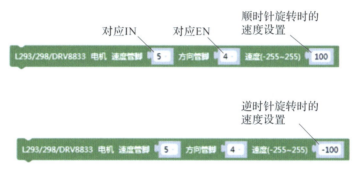

图 15 – 6 "L293 电机" 模块的引脚与速度定义

3. 电动机的方向与速度控制

1）电动机的方向控制

在"L293 电机"模块的"速度"框中实现对电动机的方向控制。

如果让电动机顺时针旋转，它的速度如"100"为正数，即"100"的前面没有任何符号（实际上是省略了"+"号）；如果让电动机逆时针旋转，它的速度如"100"为负数，即"100"的前面加一个负号"–"。

例如，教学小车前进时，左电动机应逆时针旋转，因此它的速度值如"155"前面要加一个负号，即"– 155"（图 15 – 7）。

图 15 – 7 电动机逆时针旋转

2）电动机的速度控制

电动机的速度范围为 0 ~ 255。当速度为 0 时电动机停止，当速度为 255 时电动机全速旋转。

4. 电动机标识

由于教学小车上电动机有左、右或前、后之分，所以为了在程序设计中不造成混乱，标识电动机是很有必要的。

在后面的课程中我们约定：使用教学小车电动机的时候将模块中的"速度管脚"始终用变量 motor_L 和 motor_R 定义（图 15 – 8）。

motor_L：左电动机引脚变量，L 表示左边（Left）；

motor_R：右电动机引脚变量，R 表示右边（Right）。

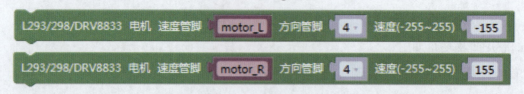

图 15 – 8　电动机标识示例

15.2　编写程序

【程序 15 – 1】　让教学小车运动；

【程序 15 – 2】　扭扭车。

15.2.1　程序 15 – 1：让教学小车运动

让教学小车做前进与后退的运动。

（1）编程思路。

用"L293 电机"模块驱动教学小车的直流电动机。使教学小车前进 2000 ms，后退 2000 ms，将速度设置为 150。

（2）定义引脚变量。

motor_L 为左电动机速度引脚变量，模拟输出引脚 5（图 15 – 9）。

图 15 – 9　定义引脚变量（1）

motor_R 为右电动机速度引脚变量，模拟输出引脚 6（图 15 – 10）。

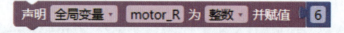

图 15 – 10　定义引脚变量（2）

（3）构建电动机驱动模块。

①小车前进。

左电动机逆时针旋转，因此在它的"速度"前面要加一个负号，即"– 150"，数字引脚 4 设置为方向控制引脚；右电动机顺时针旋转，"速度"为 150，数字引脚 7 设置为方向控制引脚（图 15 – 11）。

L293/298/DRV8833 电机 速度管脚 motor_L 方向管脚 4 速度(-255~255) -150
L293/298/DRV8833 电机 速度管脚 motor_R 方向管脚 7 速度(-255~255) 150

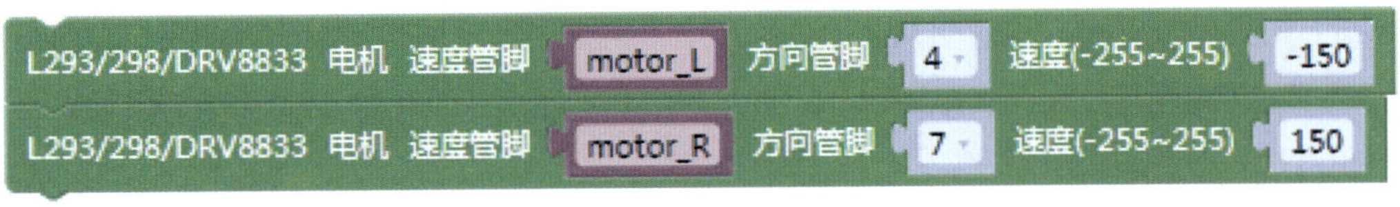

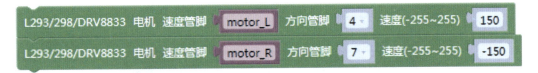

图 15－11　教学小车前进设置

②教学小车后退。

左电动机顺时针旋转，“速度”为 150；右电动机逆时针旋转，因此在它的“速度”前面要加一个负号，即“－150”（图 15－12）。

L293/298/DRV8833 电机 速度管脚 motor_L 方向管脚 4 速度(-255~255) 150
L293/298/DRV8833 电机 速度管脚 motor_R 方向管脚 7 速度(-255~255) -150

图 15－12　教学小车后退设置

从上面的控制过程可以看出，控制教学小车电动机方向的“速度”符号为：前进——左负右正，后退——左正右负。

（4）构建程序模块。

程序 15－1 模块构建示意如图 15－13 所示。

声明 全局变量 motor_L 为 整数 并赋值 5
声明 全局变量 motor_R 为 整数 并赋值 6
L293/298/DRV8833 电机 速度管脚 motor_L 方向管脚 4 速度(-255~255) -150
L293/298/DRV8833 电机 速度管脚 motor_R 方向管脚 7 速度(-255~255) 150
延时 毫秒 2000
L293/298/DRV8833 电机 速度管脚 motor_L 方向管脚 4 速度(-255~255) 150
L293/298/DRV8833 电机 速度管脚 motor_R 方向管脚 7 速度(-255~255) -150
延时 毫秒 2000

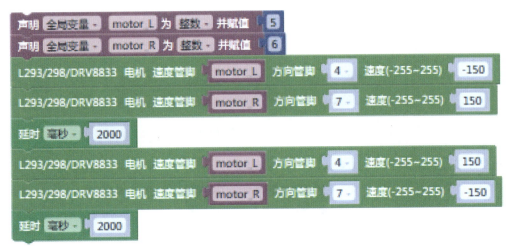

图 15－13　程序 15－1 模块构建示意

（5）保存程序。

15.2.2　程序 15－2：扭扭车

使教学小车左右扭转前行。每扭转 4 次后教学小车右转弯，然后继续扭转着前行。

（1）编程思路。

①用模运算符判断累加变量 i 是单数还是双数，若为单数则向左扭，若为双数则向右扭，若为 5 的倍数则右转弯。

②用教学小车左、右电动机的速度差实现教学小车的扭转。教学小车左扭时左电动机的速度

小于右电动机的速度，反之则左电动机的速度大于右电动机的速度。

③教学小车右转弯时，让教学小车右电动机逆时针旋转（即右车轮反转），左电动机方向不变，这样可以提高转弯的速度。

（2）定义变量。

i 为计数变量（图 15 – 14）。

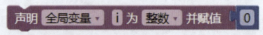

图 15 – 14　定义变量（1）

motor_L 为左电动机速度引脚变量，定义引脚 5（图 15 – 15）。

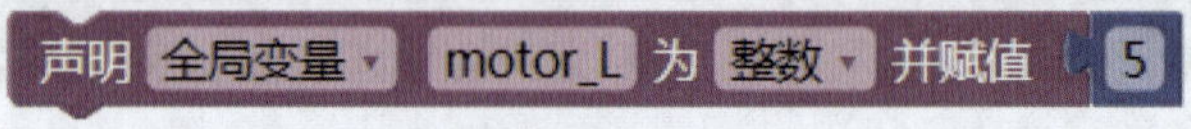

图 15 – 15　定义变量（2）

motor_R 为右电动机速度引脚变量，定义引脚 6（图 15 – 16）。

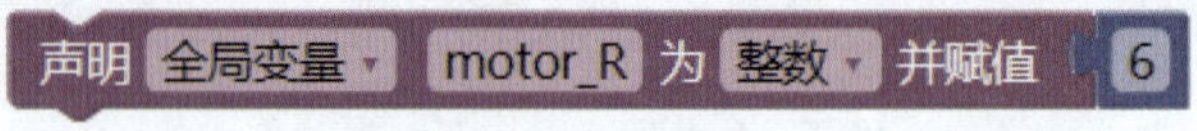

图 15 – 16　定义变量（3）

（3）用条件选择结构"如果/执行"模块分别判断教学小车左扭、右扭还是右转弯。

①左扭判断，如图 15 – 17 所示。

图 15 – 17　左扭判断

②右扭判断，如图 15 – 18 所示。

图 15 – 18　右扭判断

③右转弯判断，如图 15 – 19 所示。

图 15 – 19　右转弯判断

在"如果/执行"模块的"执行"缺口中，根据判断条件构建教学小车的动作模块，即设置教学小车电动机的速度与方向。

当 i = 5 时，教学小车转弯后必须将 i 清零。

（4）构建程序模块。

程序 15 – 2 模块构建示意如图 15 – 20 所示。

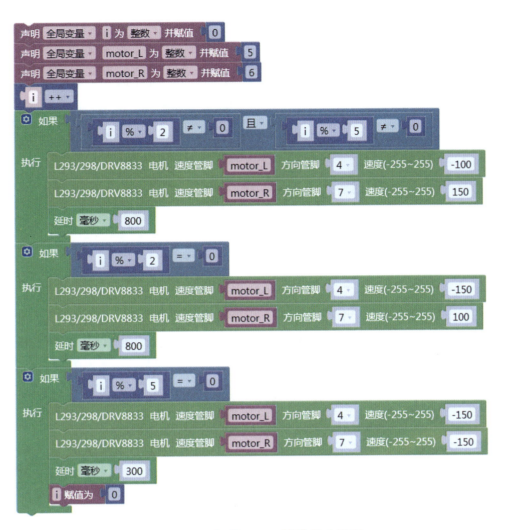

图15-20 程序15-2模块构建示意

（5）保存程序。

15.3 创意体验

15.3.1 程序15-1体验

1. 连接电动机与电源

（1）连接左电动机。从J4引脚接口上将左电动机的方向引脚INA和速度引脚ENA依次连接Arduino开发板的引脚4、5。

（2）连接右电动机。从J4引脚接口上将右电动机的速度引脚ENB和方向引脚INB依次连接Arduino开发板的引脚6、7。

（3）连接电源。将教学小车电源引脚VCC、GND依次连接Arduino开发板的电源引脚5 V、GND。

教学小车电动机连接示意如图15-21所示。

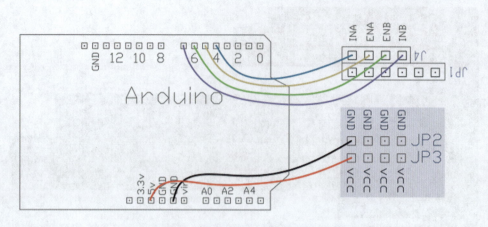

图 15 –21　教学小车电动机连接示意

2. 上传程序并体验效果

将程序 15 –1 上传到 Arduino 开发板后拔下数据线，体验教学小车前进与倒退的效果。

在平整的地面上，教学小车的运动路线应该是一条直线，但通常情况下很难达到这样的效果。主要原因是两个电动机虽然设置的速度相同，但它们的实际转速不一定相等。

在这种情况下需要对两个电动机的转速进行调试，即适当提高左电动机的转速设置或适当降低右电动机的转速设置，从而使教学小车的运动路线接近一条直线。

例如，程序 15 –1 中两个电动机的速度都是 150，如果教学小车前进时总是偏左，则可以让左电动机的速度适当高于 150 或让右电动机的速度适当低于 150，这样反复调试直到教学小车大致走出直线为止。

15.3.2　程序 15 –2 体验

（1）连接电动机与电源，如图 15 –21 所示，实物如图 15 –22 所示。

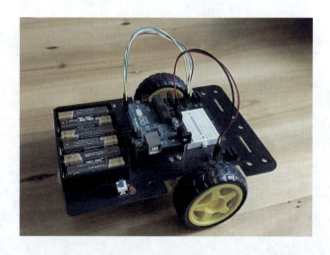

图 15 –22　程序 15 –2 连接电动机与电源实物

（2）上传程序并体验效果。上传程序后拔下数据线，体验教学小车一扭一扭的效果。

①场地不能太小，要能满足教学小车的一个扭转过程。

②根据场地的大小调整教学小车的速度和延时时间。

③如果教学小车的扭动效果不好，分析原因后进行相应的调整，如调整左车轮和右车轮的速度差。

课后思考

1. 为什么教学小车电动机既能改变转动方向，又能改变速度？

2. 教学小车左电动机和右电动机分别对应 J4 引脚上的哪两个引脚？

3. 引脚 INA、INB 和 ENA、ENB 的作用是什么？

4. 编写程序。

程序一：教学小车前进 1000 ms 后倒退 1000 ms，然后停止 500 ms，再前进 500 ms 后停在原地不动。

程序二：教学小车以右车轮着地点为圆心转圈，3000 ms 后停在原地不动。

参 考 文 献

［1］中国电子学会普及工作委员会. 机器人基础技术教学 ［M］. 北京：《电子制作》杂志社，2021.

［2］中国电子学会，上海享渔教育科技有限公司. 智能硬件项目教程 ［M］. 北京：航空航天大学出版社，2018.